中等职业教育素质教育课教材

就业指导与创业教育

主编　毛翠丽　林姗姗

天津大学出版社
TIANJIN UNIVERSITY PRESS

内容简介

本教材是中等职业学校就业指导与创业教育教材，分就业形势与国家政策、职业规划、就业指导、创业体验四个项目展开。主要目标是帮助中职学生了解就业、创业的形势与政策，引导学生树立正确的职业观、就业观和创业观，培养学生的职业精神，引导学生规划管理学业、做好适应及融入社会的准备，服务于学生职业生涯可持续发展。

教材的主要内容包括就业形势与国家政策研判、不同职业就业要求及前景介绍、就业途径与就业待遇分析、就业信息搜集方法及就业方案准备、创业法规及规划、创业素养养成与风险防范等。

教材从经济社会发展、中职学校教育教学实际及学生身心特点出发，以生动活泼、实践性强的任务教学为载体，坚持以学生为本的原则，充分调动学生的积极性、主动性、参与性，帮助学生提高职业兴趣、增强职业认同、形成职业决策和规划能力，引导学生自主阅读、理性分析、深入思辨、实践探究，引领学生充分利用信息技术与智慧生活环境，开展问题引领、行动导向式学习。

图书在版编目（CIP）数据

就业指导与创业教育 / 毛翠丽，林姗姗主编 .
天津 : 天津大学出版社 , 2024. 7. -- (中等职业教育素质教育课教材). -- ISBN 978-7-5618-7761-6

Ⅰ . G717.38

中国国家版本馆 CIP 数据核字第 2024RQ0794 号

就业指导与创业教育

JIUYE ZHIDAO YU CHUANGYE JIAOYU

出版发行 天津大学出版社
地　　址 天津市卫津路 92 号天津大学内（邮编：300072）
电　　话 发行部：022-27403647 邮购部：022-27402742
网　　址 www.tjupress.com.cn
印　　刷 河北鑫彩博图印刷有限公司
经　　销 全国各地新华书店
尺　　寸 787 mm×1 092 mm　　1/16
印　　张 14
字　　数 290 千字
版　　次 2024 年 7 月第 1 版
印　　次 2024 年 7 月第 1 次
定　　价 36.80 元

编委会成员

主　编　毛翠丽　林姗姗

副主编　马明吉　梁　振　刘晓华

　　　　张丽丽　郝东升　潘彦勋

参　编　李晓松　王亚丽　尹东燕

　　　　王吉哲　郎慧明　梁　跃

前言

PREFACE

本教材依据教育部关于印发《中等职业学校职业指导工作规定》的通知（教职成〔2018〕4号）精神，根据教育部《职业院校教材管理办法》（教材〔2019〕3号）相关规定，结合多年就业指导与创业教育实践编辑而成。

一、从学生需求出发提供学材

教材突出学生在未来求职创业面临的实际需求，以问题为导向组织教材内容，以引领者、咨询者、服务者的身份做好学生的服务与参谋。教材既有知识体系的介绍，方便学生阅读思考，同时也有实践项目和实践活动支撑，促进学生的理解、体验、探究与思索，教材本身也是学材。

二、以行动导向形式形成素养

知识可以被查阅，但技能伴随个体体验内化于身。任何能力的形成都离不开沉浸式体验与实际动手操作的经验习得。教材引导学生发展自主学习能力、开展社会调查、积极进行调研访谈、经历典型事件，在体验、感知、反思、复盘过程中形成就业能力与创业素养。在此过程中，激发学生学习动力，增强学生自我管理意识，树立学习目标，增强学习信心。

三、用专业目标驱动引领成长

行业企业专家及学哥学姐的典型事例、现身说法能给学生更直接的专业经验与对就业创业情况的感同身受。教材鼓励学生深入工作一线参与参观、调研、座谈、交流，进入与本专业领域相关的就业创业现场活动去体会和感悟，从而增进学生对本专业及未来从事职业的认同，形成个人成长规划，树立专业成长目标。

本教材编者主要来自中职教育教学及研究一线，编写水平有限，有不足之处，敬请批评指正。

毛翠丽

2024 年 3 月

目录

CONTENTS

导 语

工作是职业生活的主要内容，是创造价值的劳动。工作能让我们获得生活资料，获得荣誉和友情，获得事业成就感。现代社会，职业分工越来越细化，《中华人民共和国职业分类大典（2022年版）》将我国职业划分为8个大类、2967个工种。

随着社会发展，这些分类不断面临调整变化。现代社会，人们从事工作的时间可长达三四十年，而且工作阶段，是人生最富有创造力、最有建设性、综合实力最强的时期。在工作之前，可以先想一想，我们为什么要工作？

有的人说：为了生存。那么，为什么解决了温饱之后还要工作呢？

有的人说：为了幸福。可为什么有人把工作当成了想要逃避的负担呢？

有的人说：为了赚钱。那么，世界首富为什么还要工作？

工作是人的需求，那么，我们就可以从人的需求层次来思考。

马斯洛把人的需求分为五个层次。当低层次需求满足后，会有一个高层次的需求，见下图。

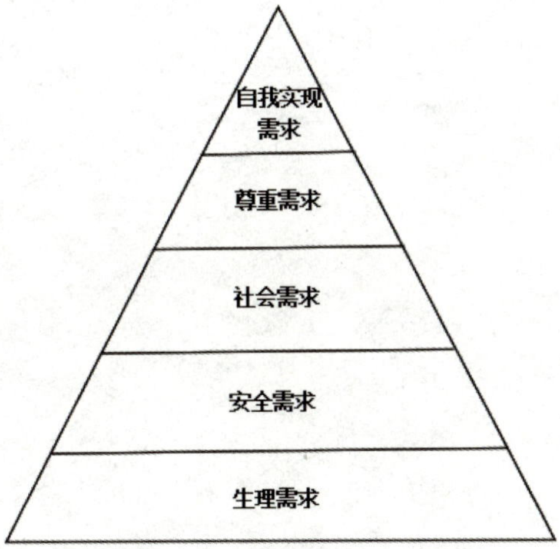

马斯洛需求层次理论

这五个层次包含的内容如下。

生理需求，如空气、食物、性等。

安全需求，如回避危险和恐惧等。

社会需求，如交往、归属、爱等。

尊重需求，如权力、名誉、地位等。

自我实现需求，如实现理想、抱负等。

实现这五个层次的需求的途径是千差万别的，工作是其中重要的途径之一。

工作赋予我们需求的满足。工作让我们获得生活必需品，保障安稳的生活；工作让我们分享奉献的成果，获得归属与关爱；工作让我们变得自信、充实，赢得尊重与声望；工作让我们体会生活的目的性，实现人生价值，发挥自己的创造能力。

工作赋予时间更多的意义。通过工作，人与人之间有了更多的交往，我们也有了更高的追求……热爱工作并创造性地工作，我们才不会有无所事事的感觉。

工作赋予了我们社会角色。工作令我们扮演社会角色，承担社会责任，得到同学、朋友、家庭以及社会的认同。如果我们的工作受人尊敬或羡慕，我们就会有优越感，反之就会失落、自卑。

工作赋予我们成长的收获。工作中，我们丰富了经验，训练了技能，表现了才能，展现了魅力，分享了爱心，建立了品格，得到了发展的机会……

项目一

就业形势与国家政策

◎ 项目导语

习近平总书记指出，就业是最大的民生工程、民心工程、根基工程，是社会稳定的重要保障，必须抓紧、抓实、抓好。就业是“国之大计”，亦是民生之本。“要全面落实就业优先政策，把推动实现更加充分更高质量的就业摆在突出位置。”

职业教育是与经济社会联系最为紧密的社会类型，是以专门培养技术技能型人才为目的的教育。人人都向往高薪就业、高质量就业，就业形势的变化牵动着广大毕业生及家长的心。中职生要想提高在就业市场的竞争力，获得更高质量的就业，就要认真学习，以达到就业能力要求，规划好就业方向，明晰就业目标与努力方向。本项目旨在帮助学生了解国家就业形势与政策，提示学生做好就业前的准备。

◎ 项目目标

1. 了解就业的概念、中职生就业的类型。
2. 了解当前中职生就业形势。
3. 了解当前我国就业政策。
4. 了解就业的基本权益。

任务一　什么是就业

学习项目　对中职生就业的概括性认识

任务导入

阳春三月，茶园内，一位采茶工戴着草帽、背着竹篓，双手采摘新绿，芽叶精准入篓。这是她当采茶工的第 10 个年头。

炎炎夏日，材料公司的铆焊班组，一名工人手持焊枪，火花四溅。学习焊接 3 个月，他从网约车司机转型为技工。

金秋时节，上市公司办公室，一位应届毕业生初入职场，身为 HR，她白天忙校招，晚上得准备资料、整理简历、对接工作。

寒冬雪夜，街道超市服务站，一名骑手全身包裹严实，装上生鲜蔬菜，骑上电动车，迎着风雪继续出发。

寒来暑往，四季更迭。从乡村到城市，从白天到黑夜，从新入职到换岗位……就业的故事每天都在发生。一头连着千家万户，一头连着经济大局，就业稳则人心安，就业稳则信心足。

那么，什么是就业呢？

任务目标

1. 理解什么是就业。
2. 认识什么是职业。
3. 了解职业的分类、发展趋势。
4. 了解不同职业的就业状况。

知识要点

1. 就业的概念

就业，是指在法定年龄内的劳动者为获取报酬所从事的务工劳动。

2. 职业的概念

“职”，即职责、义务与权利；“业”，即行业、事业。职业就是人们在社会中所从事的作为主要生活来源的工作，也就是从业人员所从事的有偿劳动的种类，也可以称为工作岗位。

3. 职业的分类

1986 年，国家标准局和国家统计局发布了《中华人民共和国标准职业分类和代码》，采用小类、中类、大类三个层次体系，划分了第三次、第四次、第五次全国人口普查中的职业。1995 年，国家劳动部主持编制了详细的职业分类大典，其体系与国际标准基本对应，于 2000 年颁布。

1999 年版的《中华人民共和国职业分类大典》，把职业分为 4 个层次，包括 8 大类、66 个中类、413 个小类、1838 个细类。这些“细类”，就是我们所关心的“职业”。职业分类大典，说明了职业名称、职业编码、职业定义、职业概述、职业内容描述，以及归属于本职业的工种的编码和名称。2010 年底，国家启动了国家职业分类大典第一次修订工作，历时 5 年，于 2015 年发布。

为了适应职业领域新变化，2021 年 4 月，人社部启动了《中华人民共和国职业分类大典》（以下简称大典）的第二次修订，并于 2022 年 9 月 27 日发布。新版本包括大类 8 个、中类 79 个、小类 449 个、细类（职业）1639 个。这次修订，把新颁布的 74 个职业纳入大典中。同时，围绕制造强国、数字中国、绿色经济、依法治国、乡村振兴等国家战略进行修订。比如，围绕制造强国，把工业机器人操作员和运维人员纳入大典当中；根据乡村振兴的需要，把农业数字化技术员和农业经理人纳入大典当中。对数字职业和绿色职业进行了标注。这次共标注了 97 个数字职业，占职业总数的 6%。同时，延续 2015 年版大典对绿色职业标注的做法，标注了 134 个绿色职业，占职业总数的 8%。这里面，既是数字职业，也是绿色职业的，共有 23 个。这也反映出数字经济和绿色产业带来的职业变化。

4. 职业发展趋势

21 世纪，人类社会进入知识经济时代，行业结构、产业结构、社会结构以及由此决定的职业结构发生了巨大变化，职业逐渐呈现出智能化、高科技化、综合化和专业化的发展趋势。特别是 AI 技术的迅猛发展，给各行各业带来深刻变革。随着职业发展变化的周期迅速变短，未来职业对从业者的信息技术水平、综合素养、复合能力、学习能力、适应变化能力提出了更高要求。

人们普遍认为，工作环境舒适、社会地位高、经济收益好的职业是热门职业，与此相反的是冷门职业。“热门”与“冷门”是由行业对从业人员的需求与从业人员数量的供求关系决定的。一般情况下，在新兴行业和成长型行业中，往往产生热门职业。

新兴行业是新知识、新技术应用最活跃、最早的领域，需要更高知识、更高技能层面的从业人员，而人们对新知识、新技能的掌握往往没有那么快，容易造成行业内能够满足需求的人才匮乏、供不应求的情况，带来高待遇的热门职业。对于成长型行业而言，其行业快速发展需要大量从业人员，由于人才成长与培养暂时无法跟上行业成长速度，造成一定程度上的供需失调，所谓“物以稀为贵”，形成热门职业。但“热”与“冷”不是一成变的，而是随着社会的发展、时间的推移而动态变化的。学习与择业时，不能只看到职业的现在，也要考察它的过去和未来，理性、客观地做出分析研判，根据个人实际情况做出合理选择。

随着科技发展和产业结构变化，社会将出现或已经出现一些新的职业或职业群。如第一产业中的细胞工程师、基因和转基因工程师、遗传工程师、生态农业技工和技师；第二产业中的环境监测工程师、加工中心工程师和技师、计算机辅助设计（CAD）工程师和技师、纳米材料生产技师和技工、计算机辅助制造（CAM）技师和技工，以及航空航天材料技工和技师等；信息服务业中的计算机系统分析师、计算机工程师及计算机基础科学和各个领域的操作技术人员与应用专家；咨询和管理服务业中的金融分析师、心理咨询师、投资咨询师、保险评估师、人力资源管理师、保险精算师、理财代理师、税务代理师等；社会服务业中的养老护理师、育婴师、家政服务助理、健身教练、形象设计师、室内装饰设计师等。

未来学家预测，在21世纪新兴的众多行业中，增长最快的行业将是：计算机操作与信息处理，其中最重要的是系统分析、程序设计等；院外保健，如戒酒、集体健康保健等；新的服务项目，如咨询服务、商品清理、电话电信服务等。另外，还将形成许多新的职业，如宠物医疗保健专家、废物管理员、废物处理师和物理治疗师等。

5. 中职生从事的职业的基本类型

（1）技能型职业

中职教育的特点就是注重实践，培养学生的实用技能。因此，中职毕业生在技能型职业上具有很大的优势。比如，机械加工、电工、焊工、制图、汽车维修、畜禽生产技术、电子商务等技能型职业，都是中职毕业生的就业热门方向。这些职业不仅薪资待遇较高，而且就业前景也非常广阔。

（2）服务型职业

随着服务业的快速发展，传统及新兴服务型职业迅速发展，中职毕业生在服务型职业上也有很多机会。比如，导游、美容师、理发师、厨师等职业，都是服务型职业的代表。这些职业社会需求广、工作实用性强，在服务与创意方面有很大的发展空间。

（3）销售型职业

只要有产品和服务，就需要销售，销售型职业也是中职毕业生的就业方向之一。

比如，销售代表、客户经理、营销主管等职业，都需要具备一定的销售技能和市场营销知识。中职毕业生在这方面也有很大的优势，因为他们在学校期间已经接触过一定的市场营销知识。

（4）小微企业创业就业

小微企业是小型企业、微型企业、家庭作坊式企业、个体工商户的统称。农、林、牧、渔、建筑、批发、零售业等都有小微企业。小微企业创办手续简单，享受“六税两费”[资源税、城市维护建设税、房产税、城镇土地使用税、印花税（不含证券交易的印花税）、耕地占用税和教育费附加、地方教育附加] 减免政策。这样的企业包括小企业、小餐馆、小超市、小工厂等，也是中职生就业创业方向之一。在这样的企业就业，可以快速按劳取酬，迅速解决生活问题；也可以提高服务能力和创新能力，获得综合能力成长。这份工作既能作为过渡性工作，又能为自主创业奠定基础。

任务要求

在学习知识要点的基础上，通过个人或小组汇报的方式，以学习报告、PPT 讲演、对话交流、视频短片展示等方式，结合个人体验，说说你对中职生就业的概括性认识。

任务分析

思考“什么是就业”，涉及就业和职业的生活经验，需要了解就业和职业的相关概念。要对中职生就业形成清晰的概括性认识，我们可以深入生活实际进行观察、阅读相关资料进行了解、学习相关知识和概念、调查不同职业的就业状况，并以适当的图文、视频展示出来。

任务准备

在自主阅读知识要点的基础上，请你或你们小组根据学习特长和兴趣，选择适当的方法研究“什么是就业”这个项目，课上进行分组汇报。

任务实施

学生以个人或小组形式，进行学习成果汇报，由任课教师或者学生干部主持。

1. 学习报告

要点包括：学习了有关“什么是就业”方面的哪些知识，受到哪些方面的启示，有哪些感受，个人或小组观点是什么。

2. PPT 讲演

要点包括：针对“什么是就业”，你确定的汇报主题是什么；逻辑结构，主要观点，论证情况，得出的结论与启示等。

3. 对话交流

通过师生对话，或者采访行业人员、学长的方式，围绕“什么是就业”“中职生就业情况”，开展对话交流，就关心的核心问题进行提问，就某些相关话题交换意见。

4. 视频短片

通过采访行业人员、学长的方式，形成视频短片，回答“什么是就业”以及“中职生就业情况”。

总结评价

综合运用个人自我评价、小组评价、教师总结评价等方法，对学习资源的阅读情况、理论知识的学习情况、能力达成情况以及任务完成质量进行总结评价。

改善提升

对学习项目各个环节完成情况进行复盘，总结经验与不足，提出改进意见和措施，进一步完善学习汇报材料。

◎ 课后巩固

一、单项选择题

1. 下列哪一项描述的是职业？（　　）

A. 人们在社会中所从事的工作

B. 人们从事的有偿劳动

C. 有劳动能力的人为社会做贡献的持续性活动

D. 人们在社会中所从事的作为主要生活来源的工作

2. 目前，我国使用的《中华人民共和国职业分类大典》是哪个版本？（　　）

A.1986 年版　　B.1999 年版

C.2015 年版　　D.2022 年版

3. 导游、美容师、理发师、厨师等职业属于哪个行业？（　　）

A. 技能型职业　　B. 服务型职业

C. 销售型职业　　D. 小微创业型企业职业

4. 下列哪项不是未来职业发展趋势？（　　）

A. 智能化　　B. 机械化

C. 专业化　　D. 综合化

5. 下列哪个职业是当今热门职业？（　　）

A. 高速公路收费员　　B. 话务员

C. 证券交易员　　D. 网络开发

二、多项选择题

1. 下列描述的哪些项活动可以看作职业？（　　　）

A. 担任快递员　　B. 到书店做卖书工作

C. 给家人做饭　　D. 打扫自己房间的卫生

2. 下列哪些人的工作可以看作就业？（　　　）

A.12 周岁的佳佳帮姑姑卖糖果

B.16 周岁的王明到叔叔的工厂从事电子元器件生产工作

C.18 周岁的李华到餐厅打工

D.20 周岁的张振宇跟随父亲到建筑工地做放线员

3. 下列关于职业的描述正确的有（　　　）。

A. 从个人角度而言，职业是劳动者为社会承担一定的责任和义务，为社会做贡献，同时获得相应经济收入的工作岗位和机会。

B. 从人与人关系而言，劳动者扮演的各种不同角色是职业，如警察、教师、医生、公务员、工人等。

C. 从职业理论研究而言，职业是人们为谋生和发展而从事的经济收益相对稳定、特定类别的社会劳动。

D. 从职业表现而言，它是人们经济状况、生活方式、思想情操、行为模式的综合反映，也是一个人的义务、权利、职业及社会地位等方面的一般性表征。

三、判断题

1. 职业会随着社会发展，在不同阶段表现出不同特征。（　　）

2. 人们会根据职业特征，给不同职业的人打上不同的社会印记。如李某做了刑警，人们通常认为他精明能干；如果李某是教师，人们自然而然地会认为他稳重踏实、有学问；如果李某做了影视制作，人们倾向于认为他浪漫、活泼、有才情。（　　）

3. 人们的职业是一成不变的。（　　）

4. 任何职业活动都有一定的规范性和其职业道德。（　　）

5. 职业活动是一项社会性活动，体现了社会分工的细化。（　　）

6. 每一个工作岗位都有相应的职责要求。（　　）

7. 不同时期有不同的热门职业。（　　）

四、辨析题

1. 说说就业和职业的关系与区别。

2. 你认为“衣食足而知荣辱”这句话对吗？

3. 你如何理解“三百六十行，行行出状元”这句话？

4. 你如何理解“隔行如隔山”？

五、案例分析题

毕业生李响接到学校要举行校园招聘会的通知后，就转发给了父母。招聘会开始后，李响在父母的陪同下前往用人单位的面试现场。在父母的一再鼓励下，李响终于鼓足勇气站在了用人单位的负责人面前。但是面对提问，他紧张得抖个不停，最后自己都记不清对方到底问了什么，他是怎么回答的。总之，他感觉太紧张，回答比较随意，自己的目标不是很清晰。有些问题想问问父母的意见，因为他不知道该如何回答。面试后，李响很懊恼自己的表现，很担心过不了面试这一关。

请你分析一下李响在就业招聘会上出现了哪些问题？是什么原因造成的？你有哪些建议？李响的案例对你有哪些启示？

实践活动　辩论：“干一行爱一行”，还是“爱一行干一行”？

活动说明

吾思吾言，辩之有道；宏辞论道，涌动青春。为了锻炼学生的思辨能力，提高学生的语言表达能力，促进学生对就业观念的深入思考，以“‘干一行爱一行’还是‘爱一行干一行’”为主题开展辩论赛。让学生以辩手身份、用语言的力量，在观点的交锋中碰撞出思想的火花；在唇枪舌剑中，彰显思维和才华。

活动示范（表 1-1）

表 1-1　辩题、正方与反方的辩论

辩题	正方 （干一行爱一行）	反方 （爱一行干一行）
一辩 （观点）	“没有小岗位，只有大事业”，干任何一行，只要始终抱有热情，愿意钻进去，就能有一番成就。干一行，爱一行，专一行，奉献一行，把自己的职位当成光荣的责任，把从事的工作当成神圣的事业，以实际行动让岗位闪光，让生命闪光。	“爱一行干一行”适应当今的社会需求。跳槽的人如此之多，盲目地做自己不喜欢的工作，既没有体现效率，也没有实现价值。理想与现实的差距与追求理想、保持热爱并不矛盾。我们应该化现实的压力为追求的动力，而不是迫于现实，甘当工作的奴隶。毕竟，没有热爱，何来坚守。唯有爱之深，才能干之切。
二辩 （论证）	“干一行爱一行”，就是指对于自己正在从事的工作，无论刚开始是否感兴趣，都要尽职尽责、刻苦钻研、爱岗敬业，对工作保有一份热忱专注，并在工作过程中逐步找到人生的价值和事业的意义。此外，“干一行爱一行”是更为符合实际的现实考量。受到主客观条件的限制，要找到一份完全称心如意的工作是较为困难的，“既来之则安之”，与其在左右彷徨中迷茫无措，不如沉下心来投入其中，或许工作的闪光点就在里面。	“爱一行干一行”不仅是对此行业的热爱，也不仅是做个人所擅长的、所认为正确的事，还寄予了对本行业的精神追求。“爱一行干一行”并不是好高骛远，而是一种“超功利性”的热情和向往，是基于自身对这个行业了解后所做出的理性判断。就个人而言，热爱是投身行业的坚实基础；就企业而言，“爱一行干一行”的人更有助于企业效益的最大化；就社会而言，“爱一行干一行”顺应了高效率社会发展的要求。“爱一行干一行”体现的是一种以热爱为先导的价值选择，能够促进人的内在驱动力，是一种主动的、可持续的状态。

续表 1

辩题	正方 （干一行爱一行）	反方 （爱一行干一行）
自由辩论	反方观点： 1. 马斯洛需求论提出：人的最高需求是自我价值的实现，也就是做自己想做的事情来实现自己的价值。在这里，我们所说的“爱一行干一行”里的“爱”，是来源于对这个职业的了解与对自身的判断，这种爱是符合实际、发自内心的爱。 2.“爱一行干一行”是一种积极的人生态度，是为自己的目标而奋斗的表现。我方认为，有目标的人生就如有了指南针的船只一样，能够乘风破浪，到达彼岸。 3. 工作包含两层含义。一为谋生工作。许多人是抱着强烈的挣钱养家发财致富的目的对待职业的。在这种选择中，个人利益色彩很浓。二为真正认识到自己工作的意义并热爱自己的工作，这是高层次的工作态度。这种内在的精神，才是鼓舞人们勤勤恳恳、认真负责工作的强大动力。 4. 当主观符合客观时，效率才是最高的。“爱一行干一行”，才会有饱满的热情投入工作中去。爱因斯坦说过“兴趣是最好的老师”，如果一个人对他所从事的行业没有一点热爱，怎么能有所成就，又如何能谈得上成功呢？ 5. 如果不是热爱，在日本学习医学并且成绩优异的鲁迅先生又怎么会用尖锐的笔锋来拯救当时麻木、愚昧的中国人民呢？ 6. 有些人没有选择好自己的职业，所从事的职业与自己的兴趣爱好不相符，导致“干一行，恨一行，毁一行”。 7. 罗曼 · 罗兰有句名言：“爱是生命的火焰，没有它，一切将变成黑夜。” 8. 现实是，我们生活在一个崇尚个性自由的时代；现实是，社会劳动力过剩，就业形势严峻，没有人有耐性让你慢慢去培养对某一行业的兴趣……只有爱一行干一行，才能积极地调动主观能动性，以饱满的热情投入工作，加快国家的发展速度。我想在座各位都听说过“男怕入错行，女怕嫁错郎”这句话吧，前一句正是警示我们：不要盲目选择自己本没有兴趣的行业而终生碌碌无为啊！我国基础教育领先于美国，高等教育上却落后很多。原因之一就是我们没有权利选择自己所热爱的专业，对自己所学的专业缺乏兴趣而荒废了宝贵青春啊！ 9. 张载曾言：“人若志趣不远，心不在焉，虽学无成。”由此可见，一个人的志趣对他的成功是起决定性作用的。如果一个人对他所从事的职业、所学的知识一点兴趣也没有，怎么能谈得上成就呢？ 正方观点： 1. 请注意，马斯洛需求层次理论的第一层次：生理需求，如对生存、衣食住行等的需求。	

续表 2

辩题	正方 （干一行爱一行）	反方 （爱一行干一行）
自由辩论	第二层次：安全需求，如对安全性、稳定性、保障、无后顾之忧等的需求。 第三层次：社会需求，如对别人的认同、接纳、友谊、人际关系、团队归属等的需求。 第四层次：尊重需求，如对地位、名分、权力、责任、被尊重等的需求。 第五层次：自我现实需求，如对信仰、信念、兴趣爱好、自我价值、挑战、潜能发挥等的需求。 试问，在第一层需求不被满足之时，又要如何？ 2. 正如一生曾变换过 13 次工作的原南京大学讲师刘吉同志所言："当祖国需要你时，是职业选择你！"又如，自愿担纲重症监护病房护理员工作的马冀红：在小病人面前，她是妈妈；在老病人面前，她是女儿。这难道不正是雷锋精神的实质体现吗？在具体的岗位上，人人都要有甘当革命"螺丝钉"的意识。 3. 干一行，通一行；干一行，爱一行；精益求精，不断发展。 4. 这只是在理想的状态下的情况，不能以偏概全。常言道，屋漏偏逢连夜雨。我们大多数情况下是事不如意。在面对不如意之事时，我们的选择是一直走下去。 5. 请对方辩友注意，我们民族的伟大作家鲁迅，他选择执笔的原意是唤醒国民的爱国思想而非热爱文学，请不要偷换概念。 6. 人的社会性总会要求我们去选择一些为社会奉献的事业。 7. 可是罗曼·罗兰有句名言："缺乏理想的现实主义是毫无意义的，脱离现实的理想主义是没有生命的。" 8. "爱一行，干一行"是典型的唯心主义的论点，不符合当前时事，更不符合马克思唯物主义的论调。 9. 丁俊晖在八岁半的时候，就被强制去学了斯诺克。请问，他爱那一行吗？他不愿意。可是父亲的严格要求，让他爱上了这一行，最后成就了自己。	
精彩论辩摘要	1. 当今社会就业压力严峻，是不是有些人选择了自己喜欢的职业，有些人选择了其他行业？ 2. 无论是在所喜欢的或是不喜欢的工作岗位上都应该热爱当前本职工作，敬业爱岗地做好自己的本职工作。 3. 随着经历和环境的变化，人的兴趣爱好是不是会发生变化？兴趣爱好发生变化，是否应该继续提出"爱一行干一行"？ 4. 社会分工不是由个人的喜好来决定的，能爱一行干一行的，毕竟只是一小部分人。社会需要和个人能力不同，会导致很多人在不喜欢的岗位或行业上工作。	

续表 3

<table>
<tr><th>辩题</th><th>正方
（干一行爱一行）</th><th>反方
（爱一行干一行）</th></tr>
<tr><td>精彩论辩摘要</td><td colspan="2">5. 即使在自己不喜欢的工作岗位上，也应该敬业爱岗地做好本职工作，这不正是“干一行，爱一行”的集中体现吗？值得提倡。
6. 如果不喜欢现在的工作，可以随性换之，这不正是“好高骛远”“以自我为中心”的典型吗？难道这样的人生观也值得提倡吗？
7. 一个城市，市长只需要一个，而清洁工人却需要成千上万。想当市长的人多的是，想扫地的肯定不多。如果仅仅因为没有兴趣，大家就都不去从事扫马路、扫厕所这样的行业，一个城市能健康发展吗？
8. 人的兴趣不是一成不变的，从小到大，我们的兴趣发生了很大的变化，难道工作了之后，我们还能像小孩似的不停地因为兴趣的变化而变更自己的职业吗？
9. 对于未知的行业，依照什么标准来判断是否可以从事的呢？难道仅仅因为对于某个未知的行业不了解你就不敢去涉猎吗？不去尝试，你怎么知道在这个行业无法做出卓越的成绩？
10. 人们往往对自己说，生命太短暂，不能把大好时光浪费在不喜欢的事情上。因此，人们总是在寻找最理想的工作。这种想法非常危险，因为我们会为了找到理想的工作，而把眼光投注在未来，忽略了当下应该珍惜的美好时光，以及应把握的机会。这样，真正的机遇就会在眼前丢失，理想中的未来却永远只能成为空想。
11. 为了喜欢的职业而放弃不喜欢的工作，那么当你衣不蔽体、食不果腹的时候，你还能依然坚持吗？
12. 或许当初选择这个行业、这个专业是出于无奈，也许是生计的需求，也许是父母的决定，也许你一开始只是用一种无所谓的心态去对待这份工作，这就是你在现有工作岗位上做一天和尚撞一天钟的理由或借口吗？这种行为难道是当今社会所提倡的吗？</td></tr>
<tr><td>三辩
（结论）</td><td>“干一行爱一行”说的是，无论你从事的行业是不是你最爱的行业，你都应该以一种积极向上、爱岗敬业的态度去面对。纸上得来终觉浅，绝知此事要躬行。深入而全面地了解工作，需要在工作中深耕细作，而非浅尝辄止后一句不负责任的爱与不爱。“干一行爱一行”，是指简单的事情重复做，重复的事情用心做，这正是当今时代最需要的工匠精神。</td><td>没有热爱和执着，做不成大国工匠。全心全意为人民服务是我们党的宗旨，让人民“爱一行干一行”是我们追求的理想状态。只要有调整与追求的可能，我们都应该努力追寻理想，找到自己的热爱，实现“爱一行干一行”的理想事业追求。唯有如此，工作起来才更有激情，发展事业才更有动力，工作成果才能不断涌现，个人理想信念才能与社会主义事业发展相辅相成。</td></tr>
</table>

续表 4

辩题	正方 （干一行爱一行）	反方 （爱一行干一行）
点评嘉宾	“干一行爱一行”和“爱一行干一行”这两种看似不可调和的对立观点，在不同的角度与立场下都有各自的合理之处。20 世纪，美国著名作家菲茨杰拉德有句名言：“同时保有两种截然相反的观念还能正常行事，这是第一流智慧的标志。”我深以为然，经常思考。 今天双方的论点、论据都会对我们的工作和生活有所启迪。作为青年学生，我们要继续深学细悟党的二十大精神，时刻铭记习近平总书记对青年人的殷殷嘱托，既要在解决问题中深化为民服务理念、锻炼为民服务本领，做到“干一行爱一行”，也要在推进工作中践初心、担使命，实现“爱一行干一行”。	
工作人员	主持人： 计时员： 记录员：	

任务二　当前中职生就业形势

学习项目　当前中职生就业形势分析

任务导入

随着现代社会的飞速发展，对未能及时升学的初、高中毕业生而言，学习一门紧俏的专业“尽快实现就业”，是首要选择。中职教育既是对学生所掌握的文化基础知识进行筛选、整合、巩固的过程，也是将其所学知识运用于技术实践的过程，更是对其思想品德、社会交流、独立生存和自我发展等能力方面进行塑造的过程。

目前，大批下岗失业人员面临再就业，城镇新增劳动力就业和农村富余劳动力转移就业，导致就业与再就业压力越来越大。劳动保障部门为开发就业岗位无时无刻不在寻求社会支持，以减轻就业与再就业压力，维护社会稳定。中职毕业生却凭借其可塑性大、敬业精神较强、能把所学专业随时应用于实践的巨大优势，深受用人单位欢迎。

那么，你所学习的专业是否有着广阔的就业前景呢？在未来的一段时间里，中职生的就业形势又可能会发生哪些变化呢？

任务目标

1. 了解职业教育新时代背景下中职生的就业现状。
2. 了解当前中职生就业形势。
3. 掌握中职生胜任就业岗位的有效方法。
4. 掌握就业形势分析常用的方法与手段。

知识要点

1. 职业教育新时代背景下中职生的就业现状与就业形势

习近平总书记对职业教育工作作出重要指示，强调："在全面建设社会主义现代化国家新征程中，职业教育前途广阔、大有可为。"（人民网"习近平重要讲话数据库"）加快发展现代职业教育，是培养高素质技术技能人才最高效、最基础的途径，是推动高质量发展的重要支撑，也是建设教育强国的必然要求。

中等职业教育是职业教育体系的重要组成部分，面向初高中毕业生开展基础性的知识、技术和技能教育，主要为社会输出初、中级技术人员及技术工人。目前，中等职业学校的分类有职业高中、普通中专、成人中专和技工学校，按照《中华人民共和国职业教育法》等规定和国务院现行的"三定"（定机构、定职能、定编制）方案，职业高中、普通中专和成人中专归教育部门管理，技工学校归人社部门管理。

2016 年，全国中等职业学校毕业生人数为 474.71 万，就业人数为 459.15 万，就业率为 96.72%，对口就业率为 75.60%。

从就业去向看，数据（以下均不含技工学校）显示，到机关、企事业单位就业的占就业人数的 45.49%；合法从事个体经营的占 13.85%，表明在国家鼓励创新创业大形势下，不少毕业生选择了创业就业道路。升入各类高一级学校就读的占 25.10%，比 2015 年增加 5.08 个百分点。这充分表明，中高职衔接立交桥不断拓宽，为更多中职毕业生接受更高层次教育提供了机会。从就业结构看，从事第一产业的占直接就业人数的 8.55%；从事第二产业的占 31.43%；从事第三产业的占 60.02%，比上年增加 4 个百分点，表明服务业成为中职毕业生就业的主渠道。从专业大类看，能源与新能源类、加工制造类、教育类、医药卫生类、旅游服务类、轻纺食品类、交通运输类、石油化工类、休闲保健类等 9 大类专业对口就业率均超过平均对口就业率。其中，能源与新能源类专业对口就业率高达81.60%。这表明，越来越多的毕业生实现了对口就业，中职专业建设越来越契合经济社会发展需求。

从就业地域分布看，有185.48万人在本地就业，占直接就业人数的67.26%；有0.94万人在境外就业，占0.34%；有89.37万人在异地就业，占32.40%，比上年增加了3.49个百分点。各地中职毕业生就业形势总体向好，地区差距不断缩小。这表明，中职毕业生仍然以本地就业为主，成为地方产业大军的主要来源和经济社会发展的重要人才支撑。

从就业质量看，在直接就业学生中，签订劳动合同的比例达88.68%，就业稳定性较高。就业月平均起薪2001～3000元的占37.70%，3000元以上的占15.76%，比2015年增加了3.74个百分点；有社会保险的就业毕业生达84.61%，毕业生的薪金待遇和社会保障状况有较大改善，毕业生对就业满意度表示不满意的仅占毕业生总数的3.38%。

从职业指导看，毕业时取得资格证书的占毕业生总数的76.92%。在直接就业学生中，经学校推荐就业的占总数的70.67%；经中介介绍就业的占6.47%；经其他渠道就业的占22.86%，学校推荐仍然是中职毕业生就业的主要渠道。

（资料来源：中华人民共和国教育部网站，2017年4月21日）

2021年12月20日，《人民日报》报道："近5年，职业学校毕业生就业率持续保持高位水平，高等职业学校毕业生半年后就业率稳定在90%左右，中等职业学校毕业生半年后就业率稳定在95%左右。2020年，在新冠肺炎疫情影响下，高等职业学校毕业生就业率依然达到84.23%；中等职业学校毕业生升学比例提高，占比超过五成，主要升入高等职业学校。"

（资料来源：《人民日报》2021年12月20日，第6版）

2023年8月16日，教育部《对十四届全国人大一次会议第6000号建议的答复》中指出："自2006年以来，中职毕业生就业率保持在95%以上，对口就业率在70%以上。中职毕业生就业呈现去向多元、渠道多样、实体经济供不应求、区域差距明显缩小等特点。现代制造业、新兴产业，新增从业人员普遍受过职业技能培养训练，具有一定技术技能的高素质劳动者成为支撑中小企业集聚发展、区域产业迈向中高端的产业生力军。"

（资料来源：中华人民共和国教育部网站，2023年8月16日）

2. 中职生胜任就业岗位的有效方法

中职生快速胜任就业岗位，可以从以下四个方面努力。

一要充分利用好企业的定期岗位培训。企业的岗位培训针对性很强，既有员工素质培训，也有新技术新设备的培训，它能帮助新入职毕业生把在校学到的系统化专业知识和技术技能转化为岗位工作能力，还能帮助毕业生更好、更快地适应企业氛围。

二要善于向“师父”虚心学习。企业一般会根据岗位需要，以“一徒一师”或“一徒多师”等形式帮助新员工快速成长。“师父”也同样有从生手、新手成长为岗位技术能手的经历，他们在工作中积累了丰富的经验。因此，中职毕业生参加工作后，要多与“师父”沟通交流，向“师父”虚心请教；要学、看、练、钻相结合，这会帮助毕业生少走弯路、快速成为熟手甚至能手。

三要经常与优秀学长沟通交流。尤其要经常和自己工作岗位相同或相近的学长沟通交流，他们大多经历过类似的困惑。通过交流，中职生可以了解他们如何克服困惑和快速提升岗位技能，借鉴他们的学习和成长经验，帮助自己缓解新入职的心理焦虑，明确成长路径，促使自己迅速转变、快速成长。

四要多向母校老师请教。对母校和老师而言，无论什么时候都非常愿意帮助自己的学生。因此，中职生在工作中遇到什么问题，都可以和老师聊聊，他们会综合分析问题原因，帮助学生寻找解决方法，这样也会助推学生高效快速地度过适应期。

任务要求

在基本了解中职生就业形势后，以小组为单位，开展专业就业现状调查研究。要求各个小组调查学校内某个专业的三届毕业生的就业情况，进行汇总、分析，形成调研报告，并制作 PPT，在班级内进行汇报。

任务分析

从相关网站、文献上获取的就业数据大多是国家或者地方的宏观数据，对中职生就业提供的参考同样是较为宏观的。本任务则是要求中职生从自己最了解的专业入手展开调查，获取中职生就业数据，了解中职生就业情况，进一步分析中职生在就业中遇到的问题，通过交流讨论探讨解决就业问题的具体方法与策略。

任务准备

1. 划分小组。建议 5 ~ 8 人为一组。
2. 确定调查专业。建议选择自己学习的专业。

3. 获取毕业生相关联系方式。建议向相关老师寻求帮助，注意毕业生信息与隐私保护。

任务实施

学生以小组的形式开展调查，可以参考如下实施步骤。

1. 小组成员分工，分别负责制作调查问卷、开展调查、调查数据汇总与计算、调查结果分析、调查报告撰写、PPT 制作、调查汇报。

2. 以电话、微信、电子邮箱等途径联系已经就业的中职生，了解就业单位、工作岗位、薪酬待遇、职位晋升等情况。

3. 对调查结果进行汇总、分析，总结出区域内中职生就业现状、存在的问题。

4. 就中职生就业现状中存在的问题以及解决的方法进行讨论。

5. 撰写调查报告，制作汇报 PPT，完成汇报。

总结评价

综合运用个人自我评价、小组评价、教师总结评价等方法，对学习资源的阅读情况、理论知识的学习情况、能力达成情况以及任务完成质量进行总结评价。

改善提升

对学习项目各个环节的完成情况进行复盘，总结经验与不足，提出改进意见和措施，进一步完善学习汇报材料。

◎ 课后巩固

一、单项选择题

1. 从教育部发布的就业数据来看，中职生就业人数最多的产业是（　　）。

A. 第一产业　　B. 第二产业

C. 第三产业　　D. 上述三个产业均等

2. 下列不属于中职生胜任就业岗位的有效方法的是（　　）。

A. 充分利用好企业的定期岗位培训　　B. 要善于向“师父”虚心学习

C. 可以向下一届的学生了解专业情况　　D. 多向母校老师请教

二、多项选择题

1. 目前，中等职业学校的分类有（　　　）。

A. 职业高中　　B. 普通中专

C. 成人中专　　D. 技工学校

2. 按照《中华人民共和国职业教育法》等规定和国务院现行的“三定”，归教育部门管理的有（　　　）。

A. 职业高中　　B. 普通中专

C. 成人中专　　D. 技工学校

三、判断题

1. 中职生毕业以后，只能选择就业，无法继续升入高等学府学习。（　　）

2. 企业的岗位培训针对性很强，但是不太适用于新入职的中职毕业生。（　　）

3. 多与“师父”沟通交流，向“师父”虚心请教，要学、看、练、钻相结合，这会帮助毕业生少走弯路、快速成为熟手甚至能手。（　　）

四、辨析题

1. 说一说，如何把握好的就业机会？

2. 谈一谈，你如何看待就业岗位与所学专业差距较大的问题？

3. 谈一谈，在就业中可能会遭遇的挑战有哪些？

4. 谈一谈，你如何看待部分中职生就业时眼高手低的现象？

五、案例分析题

毕业生郑晓月在学校的推荐下，进入一家优秀的企业实习。由于在实习期间表现优异，企业拟提拔她为小组组长，并帮助她进行了职业规划。但是，郑晓月已经准备升入高职院校继续学习，提升自身的学历。一方面是心仪的工作，一方面是升学理想，面临两难的选择，郑晓月十分迷茫。

请结合实际情况思考一下，如果你是郑晓月，将会做出什么选择呢？理由是什么？可以与同学进行交流讨论，畅所欲言地发表自己的看法。

实践活动 调研：本地区中职生就业情况

活动说明

调查是指通过各种途径，运用各种方式方法，有计划、有目的地了解事物真实情况。研究则是指对调查材料进行思维加工，以获得对客观事物本质和规律的认识。调查是研究的前提和基础，研究是调查的发展和深化。为了帮助中职生了解当前就业形势，树立就业信心，特开展“本地区中职生就业情况”调研活动。本次实践活动可引导学生运用科学方法开展调查研究活动，培养调查研究能力，提升自身综合素质。

活动示范

朝阳工程技术学校创立于1952年，曾被评为辽宁省“职业教育先进单位”“毕业生就业安置工作先进单位”“思想道德建设先进学校”。学校开设18个专业。其中，汽车运用与维修、机电技术应用、电气运行与控制、畜牧兽医、园艺、电子商务等6个专业是省级示范专业。每年学校都会向各类企业输送优秀专业人才，助力区域经济发展。学校先后荣获辽宁省“职业教育先进单位”“毕业生就业安置工作先进单位”。

为全面了解近几年学校各类专业毕业生的就业情况，特开展此次调查，具体情况如下。

一、调查目的

掌握朝阳工程技术学校近三年各专业毕业生就业情况。

二、调查对象

2019级、2020级、2021级汽车运用与维修专业毕业生。

三、调查时间

2024年8月1日—2024年9月1日

四、调查内容（见附件1）

1. 毕业生就业地区。
2. 毕业生就业单位。
3. 毕业生就业岗位。
4. 毕业生就业薪资待遇。
5. 毕业生就业遇到的困难。
6. 毕业生职业规划。

五、调查报告（见附件2）

附件 1

中职汽车运用与维修专业毕业生就业状况调查问卷

为了深入了解中职毕业生的就业情况，切实加强就业指导工作，学校开展此项调查，请广大毕业生给予支持和配合。

一、个人情况

1. 姓名：________________

2. 性别：________________

3. 毕业时间：________________

4. 你所在系及专业：________________

5. 联系电话：________________

6. 填表时间：________________

二、就业情况调查

1. 你的第一份工作是如何找到的？（　　）

A. 学校推介　　B. 人才交流市场　　C. 媒体招聘信息

D. 关系介绍　　E. 自己创业　　F. 其他

2. 你找到第一份工作花费了多少时间？（　　）

A. 毕业前找到工作　　B. 一个月内

C. 一到三个月　　D. 三到六个月

E. 半年到一年　　F. 一年以上　　G. 其他

3. 所学的专业在你找工作过程中的作用大吗？（　　）

A. 很大　　B. 一般　　C. 不大

D. 没用，所干非所学　　E. 其他

4. 你认为就业困难的主要因素有哪些？（　　）

A. 性别原因　　B. 专业的社会适应性不强

C. 学习成绩不理想　　D. 外语和计算机未过级

E. 知识能力储备不够　　F. 自我定位不够准确

G. 没有工作经验　　H. 实践动手能力不足

5. 如果你在毕业后暂时没有找到自己理想的工作，你会（　　）。

A. 从低层次做起，逐步向目标奋斗　　B. 通过其他关系渠道解决

C. 继续找，直到找到理想的工作　　D. 继续深造

E. 参加短期的职业技能培训然后再找　　F. 自己创业

G. 其他

6. 你目前从事工作的单位性质是什么？（　　）

A. 国有企业　　B. 事业单位

C. 国家机关　　D. 外资企业

E. 私营民营企业　　F. 自己创办的企业　　G. 其他

7. 你目前的职务是什么？（　　）

A. 老板　　B. 高级管理人员　　C. 普通管理人员

D. 一般员工　　E. 其他

8. 你在目前工作的单位已经工作多长时间？（　　）

A.2 年或 2 年以上　　B.1 到 2 年　　C. 半年到 1 年

D.3 个月到半年　　E.1 个月到 3 个月　　F. 其他

9. 你目前的月收入是多少元？（　　）

A.1000 以内　　B.1000 ~ 2000　　C.2000 ~ 3000

D.3000 ~ 5000　　E.5000 以上　　F. 其他

10. 你目前从事的工作和你的专业有关吗？（　　）

A. 正是所学专业的工作　　B. 有一定联系，要用到专业知识

C. 毫无关联　　D. 其他

11. 你目前的签约情况是（　　）。

A. 试用期未签合同　　B. 签了试用期合同

C. 正式职工未签合同　　D. 正式职工签了劳动合同　　E. 其他

12. 你对目前从事的工作满意程度是（　　）。

A. 非常满意　　B. 满意　　C. 一般

D. 不满意　　E. 非常不满意

13. 如果你目前准备更换工作，那么使你这么做的原因是（可多选）（　　）。

A. 工作环境不好　　B. 没有发展前景

C. 和同事或上司关系不好　　D. 有更好的单位邀请加盟

E. 工作性质不适合自己　　F. 对薪水不满意　　G. 其他

14. 你认为周围其他同学现在的就业状况如何？（　　）

A. 很好　　B. 较好　　C. 一般

D. 不好　　E. 很差　　F. 其他

15. 你在工作后多长时间内加薪或者职位晋升？（　　）

A. 三个月　　B. 半年　　C. 一年

D. 两年　　E. 三年　　F. 其他

附件 2

汽车运用与维修专业中职生就业情况调查报告

一、调查背景和目的

随着汽车产业的快速发展，汽车运用与维修专业中职生的就业前景备受关注。为了深入了解该专业中职生的就业情况，我们进行了此次调查。调查旨在了解中职生的就业率、从事岗位、工作内容、薪资待遇及福利、行业需求和发展趋势等方面，以期为中职教育和职业规划提供有益参考。

二、调查方法和对象

本次调查采用问卷调查和访谈相结合的方式进行，共发放问卷 624 份，回收有效问卷 581 份。调查对象为近三年毕业的汽车运用与维修专业中职生，涵盖了不同地区、不同办学层次的职业学校。

三、就业率及分布情况

调查结果显示，汽车运用与维修专业中职生的就业率较高，达到 96%。其中，从事汽车维修、汽车销售、汽车美容等领域行业的比例分别为 42%、31% 和 15%。此外，有 12% 的中职生选择自主创业或从事其他行业。从地域分布来看，大部分中职生选择在城市或发达地区就业，占比达到 59%，而选择在乡镇或农村地区就业的中职生仅占 7%。

四、工作岗位和工作内容

在从事汽车维修的中职生中，主要岗位包括汽车维修工、汽车电工、钣金工等，他们的工作内容包括车辆维修、保养、检测和故障诊断等。在汽车销售领域，中职生的主要岗位是销售顾问或业务员，工作内容包括客户接待、车辆展示、销售谈判等。在汽车美容领域，主要岗位有洗车工、美容技师等，工作内容涉及车辆清洁、美容护理等。

五、薪资待遇和福利

调查结果显示，汽车运用与维修专业中职生的薪资待遇普遍不高，月收入在 1000 ~ 3000 元的比例达到 68%。在福利待遇方面，有 13% 的中职生享有五险一金，7% 的中职生享有带薪年假或带薪休假。此外，部分企业还为中职生提供了职业培训和晋升机会。

六、行业需求和发展趋势

随着汽车保有量的不断增长和汽车消费市场的扩大，汽车行业对人才的需求越来越大。调查发现，目前汽车行业急需技术熟练、服务意识强的专业技能人才。同时，随着新能源汽车和智能网联技术的发展，对新兴领域的人才需求也在增长。未来几年，汽车运用与维修专业中职生的就业前景依然广阔，但竞争压力也将逐渐增大。因此，中职学校应加强学生的实践技能训练和综合素质培养，以适应行业发展的需求。

七、调查结论和建议

通过本次调查，我们得出以下结论。

一是汽车运用与维修专业中职生的就业率较高，但分布不均，主要集中在城市和发达地区。

二是中职生的工作岗位和内容多样化，但薪资待遇普遍偏低。

三是汽车行业对人才的需求持续增长，但竞争压力也在加大。

为此，我们提出以下建议。

一是加强实践教学环节，提高学生的实践技能和职业素养。

二是加强校企合作，建立更紧密的产教融合机制。

三是加强创业教育和职业规划指导，鼓励中职生自主创业或向新兴领域发展。

任务三　我国的就业政策

学习项目　整理本专业本地区就业政策

任务导入

就业是最基本的民生，是经济发展的重要支撑。党中央、国务院把稳就业提高到战略高度通盘考虑，为我国经济运行回升向好奠定了稳固基础，为政策红利加速释放注入了强大动力，为服务培训扩面增效增强了市场效能，更为重点群体精准帮扶兜住了民生底线。从走势来看，未来几年内，我国就业工作稳的基础总体牢靠，经济增长将进一步恢复，新旧动能加快转换，新的就业增长点不断出现，为稳就业提供坚实支撑。稳就业离不开相关政策的协同作用。如完善财政补贴、税收优惠、金融支持、社会保障等支持体系，释放政策促就业红利。

那么，你对本专业本地区的相关就业政策了解得全面吗？是否有意识地收集与整理过相关的就业政策？

任务目标

1. 掌握就业政策的概念、目标、实施手段与作用。
2. 掌握搜集、整理、分析与总结就业政策的常用方法。
3. 了解本专业本地区就业政策的发展趋势。
4. 了解本专业本地区就业政策实施的影响因素。

知识要点

1. 就业政策

就业政策是指政府和社会群体为了解决现实社会中劳动者就业问题制定和推行的一系列方案及采取的措施。就业政策是使失业人员和新生劳动力就业的根本手段和政策手段。

2. 就业政策目标

就业政策的直接目标可以概括为两个方面：一是解决失业人员的再就业问题；二是解决新生劳动力的初次就业问题。

（1）失业人员再就业。所谓失业是指劳动者由于某种原因失去了原有的职业。对于劳动者个人而言，失业的严重性在于失去工薪收入，严重影响生活依赖的物质来源，导致生活贫困。对于国家和社会而言，失业将直接成为社会的不安定因素。因此，劳动者失业问题是政府必须认真对待的客观现实问题，解决失业问题也就成为政府出台并实施就业政策的目标之一。

中华人民共和国自成立以来，曾经出现过三次较大的失业高峰，因此政府不断出台以解决失业问题为目标的政策。

第一次失业高峰是在中华人民共和国成立初期。1949 年，仅城市中就已经存在 400 万失业人口，农村中破产的农民达到几千万。1950 年，由于新旧经济结构的矛盾问题，城市失业人数仍为 166 万。针对这种情况，中国政府当时采取了城市劳动者全面就业政策。国家将全部城市失业人员纳入就业计划，提供就业岗位，统一调配劳动力，保障企业的正常运转，并阻止农村劳动力流入城市。

第二次失业高峰是在 20 世纪 70 年代。20 世纪 70 年代末，上山下乡的知识青年返回城市，导致了城市严重的失业现象，再加上城市新生的劳动力无就业岗位，使失业现象雪上加霜。在这种情况下，1980 年，国家提出了在国家统筹计划指导下，劳动部门介绍、自愿组织就业、劳动者自谋职业三种方式相结合的就业政策，大大缓解了城市的就业压力。

第三次失业高峰是在20世纪90年代末期。随着计划经济体制向市场经济体制的转变，国有企业结构调整、“减员增效”使得计划经济体制下隐性失业逐步显现出来。1997年底，下岗职工人数达1200万，失业人数为600万。1998年6月，国务院下发了《关于切实做好国有企业下岗职工基本生活保障和再就业工作的通知》，政府加紧实施就业市场化政策和企业下岗职工再就业的保障政策。

（2）新生劳动力初次就业。新生劳动力，指初次面临就业的各类有关人员，包括由于某种原因未能继续升学而直接进入求职大军的青年劳动力、达到劳动年龄的学校毕业生、进入城市初次求职的乡下农工等。

从现实看，新生劳动力就业困难可以概括为以下几方面的原因。

第一，宏观经济形势滑坡，有效需求不足，企业人员过剩，就业机会较少，使劳动力供给大于需求。

第二，人口极度膨胀，经济发展不能适应人口增长的需要，劳动力过剩，不能提供与过剩劳动力等量的就业机会，使劳动力供给大于需求。

第三，新生劳动力素质普遍低下，不能适应企业用人的标准，使劳动力的有效供给大于需求。

无论是失业人员的再就业，还是新生劳动力的初次就业，实现这两项就业政策目标将具有重要的政治意义。在一般情况下，劳动者个人及家庭成员生活资料的获得、生活条件的改善都要依赖于就业所得报酬。而社会经济的发展，也必须依赖足够就业人员的劳动。就业充分、劳动者具有稳定的职业和稳定的生活来源，就必然对社会经济的发展和社会政治的稳定起到促进作用。

3. 促进中职生就业的政策与制度

（1）免学费政策

国家出台了《中等职业学校免学费补助资金管理办法》（以下简称《办法》）。《办法》规定，中央和地方财政共同承担中等职业学校免学费补助资金，对中等职业学校符合条件的学生免学费。除此之外，还有助学金、奖学金等政策激励学生到中职学校学习。相关政策增强了中职教育的吸引力，增加了家长和学生的认同，相对充足的生源引来企业的关注与合作。

（2）职业资格制度

劳动部门严格执行就业准入制度，只有取得相应职业资格证书才能上岗。现在，职校学生拥有毕业证书、相关专业技能资格证书等，在校期间就能取得相关岗位的入职资格。上手快、技术熟练、具有技能资格证书的学生非常受企业欢迎。

（3）就业指导制度

中等职业学校坚持以就业为导向，不断深化教育教学改革，努力加强职业指导工作。学校突出职业教育特色，面向市场办学，大力推行校企合作、工学结合的人才培养模式，积极开展“订单式”培养。各学校都重视和加强职业指导、创业教育和就业服务。

（4）校企合作制度

通过校企合作、工学结合的大力推行，搭建就业直通车。同时，以服务为宗旨，以就业为导向，推进教育教学改革，在校企合作过程中不断提高培训的针对性，增强就业竞争能力。

（5）顶岗实习制度与跟踪服务

在较高的就业率之下，教育部制定了《中等职业学校学生实习管理办法》，规范顶岗实习工作，促进中职学生顺利完成从学校到岗位的过渡，为就业架桥铺路。很多学校还建立了跟踪服务与回访制度等，给毕业生以贴心的关怀与及时的就业帮助。

4. 就业方针政策

我国确立了“劳动者自主择业，市场调节就业，政府促进就业”的就业方针，建立先培训后就业制度，完善社会保障体系，维护劳动关系和谐稳定。

（1）劳动者自主择业

劳动者按照社会的需要和对现有职业进行比较，选择最适合自己的兴趣、爱好和专长的职业，或在国家法律和政策允许的范围内，从事个体生产、经营或其他劳动。

（2）市场调节就业

通过市场职业供求信息，引导劳动者合理流动和就业；通过用人单位自主用人和劳动者自主择业，实现供求双方相互选择；通过市场工资价位信息，调节劳动力的供求。

（3）政府促进就业

国家从宏观方面运用经济、法律和行政等手段，扩大就业机会，提供就业服务，确保公平就业，最终达到促进劳动者充分就业的目的。

（4）先培训后就业

我国劳动制度要求从业者先学会一技之长再就业。按照不同行业、不同工种采取不同形式，分别对即将从业的人员进行必要的基础知识、基本技能的培训，使之获得从事某种工作的职业能力，并努力成为具有一定素质的技能型人才。

（5）完善社会保障体系，维护劳动关系和谐稳定

国家发展社会保险事业，建立社会保障制度，设立社会保险基金，使劳动者在年老、患病、工伤、失业、生育等情况下获得帮助和补偿。国家规定，用人单位和劳动者必须依法参加社会保险，缴纳社会保险费。

在当前的就业方针政策下，自主就业和在学校协助下的市场调节就业是中职毕业生的主流就业渠道，这就需要我们会收集、辨别、选择各种招聘信息。

任务要求

在学习知识要点的基础上，搜集、整理、分析与总结本地区本专业的就业政策。就业政策主要包括产业支持政策、就业优先政策、特定人群基层就业政策、就业帮扶政策、职业技能提升政策、就业岗位匹配政策等。各小组对政策内容进行解读，结合自身就业意向，分析政策中对自身就业有益的内容，讨论如何充分利用政策开展就业，形成调研报告，进行分享。

任务分析

就业政策的实施对就业产生积极的推动作用。获取就业政策是使用就业政策的前提。因此，中职生首先应掌握搜集、整理就业政策的方法。中职生可以充分运用信息技术手段，从本地区的政府网站、人力资源社会保障局的官方网站、地方媒体网站以及公众号上，查询、下载就业政策。

就业政策类型多、内容多。使用就业政策就需要中职生从繁多的政策与内容中提取与总结出与自身就业联系紧密的内容，并掌握政策使用的方法、流程与要点。

就业政策具有导向性、促进性作用。发挥就业政策的积极作用，中职生应合法合规地使用就业政策，根据政策要求，提供真实信息与相关资料。

由此可见，调研报告应包括就业政策的搜集整理、总结分析、讨论使用三个方面的内容。

任务准备

1. 划分小组。
2. 成员分工。

3. 确定流程。

任务实施

1. 搜集本地区本专业的就业政策。可以查询地方政府、部门、媒体的网站或公众号等。

2. 整理本地区本专业的就业政策。下载政策的电子版，制作成政策资源库。

3. 解读本地区本专业的就业政策。对就业政策进行解读，从中提取出与自身联系紧密的内容进行分析。

4. 合理利用本地区本专业的就业政策。按就业政策要求，提供相关的个人信息与资料。

5. 讨论本地区本专业的就业政策。对就业政策中部分把握不准确、理解不透彻的内容进行讨论。

6. 撰写本地区本专业的就业政策调研报告。

总结评价

综合运用个人自我评价、小组评价、教师总结评价等方法，对学习资源的阅读情况、理论知识的学习情况、能力达成情况以及任务完成质量进行总结评价。

改善提升

对学习项目各个环节完成情况进行复盘，总结经验与不足，提出改进意见和措施，进一步完善学习汇报材料。

◎ 课后巩固

一、单项选择题

1. 中国曾经出现过三次较大的失业高峰。其中，第三次失业高峰是（　　）。

A 中华人民共和国成立初期　　B.20 世纪 70 年代

C.20 世纪 80 年代　　D.20 世纪 90 年代末期

2. 劳动部门严格执行就业准入制度，只有取得相应的（　　）才能上岗。

A. 专业技能证书　　B. 职业资格证书

C. 学历证书　　D. 学位证书

3. 教育部制定了（　　），规范顶岗实习工作，促进中职学生顺利完成从学校到岗位的过渡，为就业架桥铺路。

A.《中等职业学校学生就业管理办法》

B.《中等职业学校学生实习管理办法》

C.《中等职业学校学生创业管理办法》

D.《中等职业学校学生选岗管理办法》

4. 市场调节就业的作用之一是通过（　　），引导劳动者合理流动和就业。

A. 市场职业供求信息　　B. 用人单位自主用人

C. 劳动者自主择业　　D. 市场工资价位信息

二、多项选择题

1. 就业政策服务的主要人群是（　　）。

A. 失业人员　　B. 新生劳动力

C. 在职人员　　D.18 周岁以上人员

2. 新生劳动力就业困难可以概括为以下哪些方面的原因？（　　）

A. 宏观经济形势滑坡，有效需求不足

B. 人口极度膨胀，劳动力过剩

C. 劳动力的有效供给小于需求

D. 新生劳动力素质普遍低下，不能适应企业用人的标准

3. 我国出台的促进中职生就业的政策与制度有（　　）。

A. 免学费政策　　B. 职业资格制度

C. 就业指导制度和校企合作制度　　D. 顶岗实习制度与跟踪服务

4. 我国的就业方针主要包括（　　）。

A. 政府促进就业　　B. 市场调节就业

C. 劳动者自主就业　　D. 就业者自主择业

三、判断题

1. 校企合作对中职生就业具有较大的推动作用，对教学改革没有作用。（　　）

2. 中职生在校期间不允许考取职业资格证书。（　　）

3. 只要到中等职业学校就读，学生均可以享受国家的免学费政策。（　　）

4. 中等职业学校坚持以就业为导向，不断深化教育教学改革，努力加强职业指导工作。（　　）

5. 中等职业学校应该建立跟踪服务与回访制度，给毕业生以贴心的关怀与及时的就业帮助。（　　）

四、辨析题

你认为就业政策对促进就业产生的影响大吗？

五、案例分析题

毕业生崔林了解到，为了促进中职毕业生就业，政府采取了一系列的就业优惠政策，以提供更好的就业环境和机会。在这些政策中，在中职学校任职，可以领取就业补贴是其中之一。于是，崔林通过应聘，获得了一份中职学校的宿舍管理工作。他希望能够得到国家的就业补贴。

请你帮助崔林，详细查阅相关政策，并按政策要求帮助其进行申请。

实践活动　资料整理：中职生了解就业政策的平台集锦

活动说明

在信息技术时代中，中职生了解就业政策、获取就业信息最高效、最便捷的方法就是借助网络，登录各类网站、数字平台，查阅并进行下载。因此，对互联网上各类就业信息的平台进行汇总、整理，不仅可以锻炼中职生的信息检索能力，还可以为日后就业获取就业信息打下基础。

活动示范

1. 中国就业网（图 1-1）

中国就业网

网址：https://chinajob.mohrss.gov.cn/

> 中国就业网是人力资源社会保障部中国就业培训技术指导中心主办的专项网站，承担解读政策文件、宣传人社信息、联动协同地方、提供网上服务等多个功能，是公众获取就业资讯的重要渠道和平台。

图 1-1　中国就业网简介

2. 政策网（图 1-2）

政策网

网址：http://www.chinapolicy.net/

政策网是一个综合性的政策信息平台，旨在为用户提供全面的政策信息、资料和文件，帮助公民了解国家政策，同时也成为政府与公民之间沟通和互动的桥梁。

图 1-2　政策网简介

3. 中国公共招聘网（图 1-3）

中国公共招聘网

网址：http://job.mohrss.gov.cn/

中国公共招聘网是由人力资源和社会保障部主办的公共就业服务网站，旨在为广大劳动者提供免费、专业化的就业服务。中国公共招聘网的招聘信息及招聘会信息均由县级以上人民政府举办的公共就业和人才服务机构提供，确保了信息的权威性和可靠性。

图 1-3　中国公共招聘网简介

任务四　就业基本权益

学习项目　整理中职生就业基本权益

任务导入

随着人类社会逐步进入信息化时代，数字经济、互联网平台、人工智能、大数据、云计算等新技术新应用快速发展，催生了诸多新的经济模式和就业形态。2015年，党的十八届五中全会提出“新就业形态”的概念，引起社会各界的广泛关注。

党的二十大报告要求“完善促进创业带动就业的保障制度，支持和规范发展新就业形态”，并且强调“完善劳动者权益保障制度，加强灵活就业和新就业形态劳动者权益保障”（人民网“习近平系列重要讲话数据库”）。这些论述体现了“坚持以人民为中心的发展思想”，契合了“在发展中保障和改善民生”的基本要求，为加强灵活就业和新就业形态劳动者的权益保障提供了依据。

劳动者在就业中依法享有基本权利，合法权益也应得到充分保障。那么，中职生的就业权利有哪些，又该如何维护自身的合法权益呢？

任务目标

1. 了解中职生就业基本权益。
2. 了解能够保护中职生就业权益的法律法规。
3. 培养就业权益自我保护的“五意识”。
4. 掌握试用期期间的个人权益的保护方法。

知识要点

1. 中职生就业7项基本权益

（1）就业信息知情权。及时全面地获取应公开的就业信息。

（2）接受就业指导权。接受来自国家、社会和学校的及时、有效的就业指导与服务。

（3）被推荐权。享有被学校及时、公正、如实推荐到用人单位的权利。

（4）平等就业权。平等地接受学校推荐，平等地参与招聘，被招聘者公平、公正及一视同仁地对待。

（5）就业选择自主权。“双向选择，自主择业”。

（6）择业知情权。有权了解用人单位的主体资格、劳动岗位、劳动条件、劳动报酬以及规章制度等情况。

（7）违约求偿权。用人单位、毕业生、学校的三方协议一经签订后，任何一方不得擅自毁约和违约。

2. 中职生就业相关的 4 部法律法规

与中职生就业有关的法律法规有：《中华人民共和国劳动法》（以下简称《劳动法》）、《中华人民共和国劳动合同法》（以下简称《劳动合同法》）、《中华人民共和国就业促进法》（以下简称《就业促进法》）、《中华人民共和国劳动争议调解仲裁法》（以下简称《劳动争议调解仲裁法》）。

3. 中职生就业权益自我保护的“五意识”

中职生就业权益自我保护应具有：法律意识、契约意识、维权意识、证据意识和诚信意识。

4. 求职应聘警惕的六大陷阱

（1）警惕黑中介。防范提示：求职者要核实中介机构营业执照的经营范围是否包括职业介绍业务，是否具备《人力资源服务许可证》。

（2）警惕假兼职。防范提示：不要轻信既轻松又赚钱的“好差事”，要注意保护个人信息。

（3）警惕乱收费。防范提示：应聘工作本身并不需要任何费用，对于那些以先交报名费、培训费等作为条件的招聘面试都要谨慎对待。

（4）警惕扣证件。防范提示：任何单位和个人都没有权利扣留他人证件原件，求职者不要将证件原件交付他人；需要提供证件复印件时或者影印件时，可在合适位置注明具体用途。

（5）警惕培训贷。防范提示：求职者要增强辨别和防范意识，参加培训前要看培训机构是否具备培训资质、承诺薪资是否与社会同等岗位条件薪资水平大体一致；一旦发现被骗，应立即向有关部门报案。

（6）警惕非法传销。要了解国家有关禁止传销的法律规定，自觉抵制各种诱惑，坚信“天上不会掉馅饼”，树立拒绝传销的防范意识。

5. 网络应聘防骗小技巧

（1）在社会网络平台注册个人账号时，要认真阅读相关协议，关注有关权利和义务、免责条款等协议内容，不随意主动公开个人有关信息。

（2）当合法权益受到侵害时，应第一时间保留证据，根据具体情况，及时向网络招聘服务机构或人社、工信、网信、公安等部门举报投诉或报案。

6. 如何保护试用期的个人权益

试用期是劳动者与用人单位协议约定的期限，到期后，由双方决定是否继续合作的一种权利期限。《劳动合同法》第十九、二十条规定，劳动者试用期最长期限为 6 个月，且在试用期期间，劳动者工资除了不得低于本单位相同岗位最低档工资或者劳动合同约定工资的80%，还不得低于用人单位所在地的最低工资标准。中职生一定要注意试用期的期限以及工资问题。另外，一些尚处于试用期且有辞职打算的中职生，根据《劳动合同法》第三十七条的规定，需提前三日通知用人单位解除劳动合同。除此之外，试用期的劳动者，也有权拒绝用人单位不合理的要求。当遇到用人单位存在违法行为时，更要学会及时拒绝与制止。如果在就业过程中遇到了此类问题，一定要善于维护自己的合法权益，避免引火烧身。

7. 劳动合同有什么用

劳动合同的订立是双方存在劳动关系的重要证明。《劳动合同法》第八十二条规定："用人单位自用工之日起超过一个月不满一年未与劳动者订立书面劳动合同的，应当向劳动者每月支付二倍的工资。用人单位违反本法规定不与劳动者订立无固定期限劳动合同的，自应当订立无固定期限劳动合同之日起向劳动者每月支付二倍的工资。"需要我们留意的是，劳动关系的成立是从用工之日起算，而不是签订劳动合同之日。

毕业生需要注意，在入职工作一个月之内，单位还未主动和你签订劳动合同，或是在你的要求下单位一直回避与你签订劳动合同这一问题时，就要做好一定的防范，注意保留相应的证据，比如平时的签到表、工服、号牌等能够证明劳动关系成立的证据，以备发生纠纷时，能够很好地维护应有的合法权益。

8. 灵活就业中不可忽略的法律要点

如果灵活就业企业（平台）在招聘、面试、签约、管理及解除等方面与传统公司的招聘流程、员工管理、薪酬制度、合同解除等方面无异，且企业（平台）要求中职生在合同履行过程中对平台具有高度的从属性、服从性的，应要求平台与自己签署劳动合同。反之，则可以与平台签署民事合同。

中职生灵活就业时，与合同相对方如果不构成劳动关系的，则属于普通的民事合同关系。在签署合同时，应注意明确合同类型，审查主体资格，审核合同主要条款、违约条款和管辖条款等内容。

社会保险能为中职生及其家庭提供基础的风险保障，社会保险应缴尽缴。我国《中华人民共和国社会保险法》（以下简称《社会保险法》）第二条明确规定，社会保险制度包括基本养老保险、基本医疗保险、工伤保险、失业保险、生育保险等。各地政策对灵活就业人员缴纳社会保险等种类规定也不同。

9. 发生纠纷如何维权

遇到问题时要冷静，保持清醒头脑才能维权。那么，当与用人单位出现纠纷时该怎么办呢？不妨从以下几方面入手。

（1）收集关键证据。与用人单位建立劳动关系，要保留好劳动合同，以及相应的工牌、工资流水等能够证明是工作关系的相应证据，以备将来出现纠纷时能在第一时间提供。

（2）向劳动监察部门反映。通常情况下，与单位出现纠纷依靠个人力量无法维权时，可以向劳动部门反映，以达到从中协调的作用，这是劳动者维权的重要途径。

（3）向劳动仲裁委员会申请仲裁。可以对劳动保障合法权益受到侵害的事实，向劳动监察部门投诉，向仲裁委员会提起劳动仲裁。保存好关键证据，同时要注意在法定的期限内提交，不要耽误了期限。劳动争议实行举证责任倒置。

任务要求

认真阅读《劳动法》《劳动合同法》《就业促进法》《劳动争议调解仲裁法》，从中摘取与中职生就业权益保障关系最为密切的条款进行分析。研究相关条例的适用情况、适用方法与途径。利用网络搜集应用相关条例保障中职生就业合法权益的案例，与其他小组的学生进行分享。要求采用 PPT 的形式进行分享，以 5 ~ 10 分钟为宜；各小组选用的法律法规条款不宜相同；各小组选用的分享案例不宜相同。

任务分析

阅读《劳动法》《劳动合同法》《就业促进法》《劳动争议调解仲裁法》，了解与自身权益密切相关的条例，能强化学生的就业权益保障意识。案例的搜集、分析与讲解，可以帮助学生积累就业经验，学习利用法律法规保护自身的合法权益。

任务准备

1. 划分小组。
2. 成员分工。
3. 下载资料。

任务实施

1. 网络搜索《劳动法》《劳动合同法》《就业促进法》《劳动争议调解仲裁法》，进行分组阅读。

2. 各小组选取 3 ~ 5 条与中职生就业权益联系较为密切的条款，进行深入分析，分析内容包括条款中的“关键字”、适用范围、适用情况等。

3. 各小组选取 1 ~ 2 个中职生就业权益保护案例，进行研究分析。研究内容主要包括案例适用的法律法规、用人企业的违法违规之处、保护就业权益所采用的方法、案例当事人的可借鉴之处或可吸取教训的部分。

4. 制作 PPT，进行分享。

5. 各小组就分享的内容进行交流讨论。

总结评价

综合运用个人自我评价、小组评价、教师总结评价等方法，对学习资源的阅读情况、理论知识的学习情况、能力达成情况以及任务完成质量进行总结评价。

改善提升

对学习项目各个环节完成情况进行复盘，总结经验与不足，提出改进意见和措施，进一步完善学习汇报材料。

◎ 课后巩固

一、单项选择题

1. 中职生享有被学校及时、公正、如实推荐到用人单位的权利是（　　）。

A. 被推荐权　　B. 平等就业权

C. 就业选择自主权　　D. 择业知情权

2. 通常情况下，与单位出现纠纷依靠个人力量无法维权时，可以向（　　）反映，以达到从中协调的作用。

A. 劳动部门　　B. 毕业学校

C. 人民法院　　D. 中介机构

3. 当合法权益受到侵害时，应第一时间（　　）。

A. 停工罢职　　B. 辞职回家

C. 保留证据　　D. 到公安局报警

4. 劳动者试用期最长期限为（　　）。

A.3 个月　　B.6 个月

C.9 个月　　D.12 个月

二、多项选择题

1. 下列哪几项属于中职生的就业权益？（　　）

A. 就业信息知情权　　B. 接受就业指导权

C. 平等就业权　　D. 就业选择自主权

2. 需要同时签订三方协议的责任主体是（　　）。

A. 用人单位　　B. 毕业生

C. 中介机构　　D. 学校

3. 中职生就业权益自我保护应具有的意识有（　　）。

A. 法律意识　　B. 契约意识

C. 维权意识　　D. 证据意识和诚信意识

4. 下列属于求职应聘常见陷阱的是（　　）。

A. 黑中介　　B. 假兼职

C. 乱收费　　D. 扣证件

5. 下列属于试用期期间的个人权益的是（　　）。

A. 劳动者试用期最长期限为 6 个月。

B. 试用期期间劳动者工资不得低于本单位相同岗位最低档工资或者劳动合同约定工资的 80%。

C. 有权拒绝用人单位不合理的要求。

D. 有权拒绝与制止用人单位的违法行为。

6. 与中职生就业相关的法律法规有（　　）。

A.《劳动法》　　B.《劳动合同法》

C.《就业促进法》　　D.《劳动争议调解仲裁法》

三、判断题

1. 中职生签订就业合同时，无权了解用人单位的主体资格、劳动岗位、劳动条件、劳动报酬以及规章制度等情况。（　　）

2. 只要是中职学校的学生，都可以参与为获取报酬进行的务工劳动。（　　）

3. 就业信息知情权是指学生及家长有权及时全面地获取应该公开的就业信息。（　　）

4. 任何用人单位和个人都没有权利扣留他人证件原件，求职者不要将证件原件交付他人。需要提供证件复印件或者影印件时，可在合适位置注明具体用途。（ ）

5. 劳动者对劳动保障合法权益受到侵害的事实，向劳动监察部门投诉、向仲裁委员会提起劳动仲裁，是没有期限要求的。（ ）

四、辨析题

就业权益是指每个人在就业过程中应享有的合法权益。这包括但不限于获得公平的工资待遇、合理的工作时间、安全的工作环境、平等的晋升机会等。

五、案例分析题

吕某从封闭落后的山区来到城市的企业求职。企业提出，吕某可以在该企业工作，但不能提出参加社会保险的要求。吕某初到城市，对社会保险一无所知，所以他与企业签订了为期 5 年的劳动合同。合同明确约定，企业不为吕某缴纳社会保险费。吕某在企业工作半年以后，经与其他工友交流，明白了社会保险的性质、作用和意义，又得知企业为职工缴纳社会保险费是企业的法定义务。因此，吕某明确要求企业为他缴纳社会保险费。企业以劳动合同约定为由，拒绝了吕某的要求。

如果你是吕某，你将如何运用法律法规保护自己的合法权益呢？吕某的案例对你有什么启示？

实践活动　资料整理：借阅一些就业协议书和劳动合同

活动说明

就业协议是三方合同，它涉及学校、用人单位、学生等三方面，三方相互关联但彼此独立；而劳动合同是双方合同，它由劳动者和用人单位双方的权利、义务构成。毕业生签订就业协议时，仍然是学生身份，但是签订劳动合同时，应是劳动者身份。劳动合同一经签订，就业协议的效力即丧失。若劳动合同与三方协议附件内容矛盾，则以劳动合同为准。

劳动合同是劳动者与用人单位确立劳动关系、明确双方权利和义务的协议。中职生到企业就业，应与企业签订劳动合同。按照《劳动法》的规定，劳动合同应遵循平等自愿、协商一致的原则，基于双方意愿签订。

资料示例

中职生就业协议书

甲方（单位）：____________________

乙方（个人）：____________________　　身份证号：____________________

为促进中职生职业规划的发展，同时，为了明确甲、乙双方的责任和保障双方的权益，根据中华人民共和国有关法律之规定，在平等自愿、协商一致的基础上，甲、乙双方就在校中职生实习的有关事项达成以下协议。

一、本协议有效期为20__年__月__日至20__年__月__日。

二、甲方责任及义务

1. 甲方负责把符合条件的学生安置到××企业集团、西安比亚迪、东莞万利达、安徽美的、顺德美的、龙昌国际、怡科电子、富港电子等，担任操作工一职。具体工作地点，按照各个中职学校代理招聘的人数定。

2. 甲方负责核实××企业集团、西安比亚迪、东莞万利达、安徽美的、顺德美的、龙昌国际、怡科电子、富港电子的经营状况，并如实向学校与学生介绍单位的相关信息，如招聘要求及岗位职责、福利待遇、公司环境等相关事宜。

3. 甲方提供的就业信息及对学生的承诺必须真实并与安置的单位实际情况相符合。如乙方体检复查不合格、自身不适应或提供个人虚假资料或被用人单位辞退者、乙方自愿放弃而返回学校者，则其与甲方无关。

4. 甲方负责对乙方入职之日起跟踪服务直到协议期满。

5. 甲方保证乙方的待遇为60天/8小时制，工资待遇1800～2400元/月，包食宿。

6. 甲方有义务对在职人员进行监管，并进行必要的在职培训。

7. 甲方相关事务人员应督促乙方备足各种外出费用、生活用品、零用钱等。

为保证各位新入职员工在实习工作当中的切身利益与安全问题，甲方郑重承诺如下。

1. 薪资按时足额发放。

2. 甲方为派遣实习学生免费提供食宿。

3. 甲方派遣职工随同前往及返回。

4. 甲方不收取学生任何费用。（车费自理）6月份走的、5月底之前报名者和7月份走的、6月20日之前报名者返回的时候，车费减免30元人民币。

5. 甲方将统一组织、安排，包车前往目的地。

6. 甲方保证合同期满，可以自由选择辞职。

三、乙方的责任与义务

1. 在甲方企业实习期间，必须服从甲方企业的管理，认真执行甲方企业各项规章制度。

2. 对于危害自己的劳动条件和被要求从事违法、违规活动时，可对甲方企业提出异议、批评、检举和控告。

3. 若提前解除协议，应提前两日通知甲方，在办理好工作交接手续后，方可解除本协议。

4. 乙方要提供的相关证件：身份证复印件 2 份、一寸照片 4 张。

5. 乙方要服从甲方对岗位进行的合理管理与调配。

6. 乙方要认真遵守和履行公司的各项规章制度。如因本人原因（过失或故意违规操作）给公司造成经济损失或法律上的责任，本人愿意承担赔偿责任，或承担法律上的责任。

7. 工作期间，谨记不迟到、不早退、用心完成分内工作（有特殊事情需请假的，须提前 2 ~ 3 天请假，并说明理由）。不无故旷工或擅离职守（旷工 1 天，扣 2 天基本工资）。

8. 乙方不得故意或过失泄露公司的经营、管理机密，及本职务范围内的业务机密。

9. 在职期间，乙方若发生与本人业务相关的经济问题，乙方愿接受公司财务部及人事行政部的调查。

10. 乙方若因某种原因离开公司，必须提前 10 日，以书面形式通知人事行政部，且在离职前将本职工作完整地交接清楚、退交领用物品、结清借支款等。乙方若未经甲方批准而擅自离职，甲方将保留要求按试用期工资 3 倍赔偿的权利，并追究担保人（招聘代理人）的连带责任。

11. 若被甲方证明或认为不符合用人条件，甲方有权书面通知乙方办理离职手续。

12. 如违背甲方的管理规章制度及上述承诺，乙方愿意接受甲方辞退、追偿的处理。

四、薪资结算、核算方式

工资结算时间：实习人员在职期间的工资随甲方人员发放工资时间发放。实习期满，办理离职手续，甲方再将工资给予结算。

五、其他

1. 本协议未尽事宜，由甲、乙双方另行协商。因本协议而引起的纠纷，甲、乙双方友好协商解决。不能达成一致时，可向甲方所在地劳动仲裁部门申请仲裁。

2. 因经济环境、地震、较大火灾、地区性瘟疫、战争、政府合法行为等造成甲、乙双方不能履行本协议，双方通过书面形式通知对方，本协议即告终止。

六、本协议由甲、乙双方签字之日起生效。

其他附加条件

甲方为乙方提供20___年___月___日至20___年___月___日的后续服务管理工作，其主要包括以下两点。

1. 乙方私自外出（打架斗殴、纠纷等）造成的一切损失及后果与甲方无关。

2. 乙方必须遵守甲方企业的管理及相关法律法规。否则，造成的一切后果，由乙方自身承担。

甲方：___________（盖章）　　　　乙方：___________（签字）

日期：____年___月___日　　　　日期：____年___月___日

鉴证单位：___________（盖章）

负 责 人：___________（签字）

日期：____年___月___日

劳动合同

甲方（单位）：___________________________

乙方（个人）：___________________________

根据《中华人民共和国劳动法》，经甲、乙双方平等协商同意，自愿签订本合同，共同遵守本合同所列条款。

一、劳动合同期限

第一条　本合同期限类型为_____期限合同。

本合同生效日期_____年____月____日，终止日期_____年_____月____日，其中试用期_______。

二、工作内容和义务

第二条　乙方同意根据甲方工作需要，担任__________岗位工作。甲方可依照有关规定，经与乙方协商，对乙方的工作职务和岗位进行调整。

第三条　乙方应按照甲方的要求，按时完成规定的工作数量，达到规定的质量标准，并履行下列义务。

1. 遵守国家法律法规。

2. 遵守甲方的规章制度。

3. 维护甲方的荣誉和利益。

4. 忠于职守，勤奋工作。

5. 保守甲方商业秘密，不得利用甲方的商业秘密为本人或其他经济组织和个人谋取不正当的经济利益。

三、劳动保护和劳动条件

第四条　甲方安排乙方每日工作时间不超过八小时，平均每周不超过四十小时。甲方由于工作需要，经与工会和乙方协商后，可以延长工作时间的，一般每日不得超过一小时；因特殊原因需要延长工作时间的，在保障乙方身体健康的条件下，延长工作时间，每日不得超过三个小时，每月不得超过三十六个小时。

执行综合计算工时制度的，平均日和周工作时间不超过标准工作时间。

执行不定时工时制度的，工作和休息休假乙方自行安排。

甲方安排乙方执行 ____ 工时制度。

第五条　甲方延长乙方工作时间，应安排乙方同等时间倒休或依法支付加班加点工资。

第六条　甲方为乙方提供必要的劳动条件和劳动工具，制定工作规范和劳动安全卫生制度及其标准。甲方应按照国家或当地政府有关部门的规定组织安排乙方进行健康检查。

第七条　甲方负责对乙方进行政治思想、职业道德、业务技术、劳动安全卫生及有关规章制度的教育和培训。

四、劳动报酬

第八条　甲方的工资分配应遵循按劳分配原则，实行同工同酬。

第九条　在法定工作时间内，乙方完成规定的工作任务，甲方每月 ____ 日以货币形式足额支付乙方工资，工资不低于 ____ 元，其中试用期间工资为 ____ 元。

第十条　甲方安排乙方加班或延长工作时间的，按《中华人民共和国劳动法》第四十四条和国家其他有关规定支付工资报酬。

第十一条　由于甲方的原因，乙方不能在法定工作时间内提供劳动的，甲方保证支付乙方的生活费不低于 ______ 元。

五、保险福利待遇

第十二条　甲、乙双方应按国家和当地人民政府关于社会保障的有关规定缴纳职工养老、失业和大病统筹及其他社会保险费用。甲方应为乙方填写《职工养老保险手册》。双方解除、终止劳动合同后，《职工养老保险手册》按有关规定转移。

第十三条　乙方患病或非因工负伤，其医疗期和医疗期满后关于本合同的办理，按照劳动部颁发的《企业职工患病或非因工负伤医疗期规定》执行。乙方患病或非因工负伤，其医疗和生活费用按照 ______ 执行。

第十四条　乙方因工负伤的工资和医疗保险等待遇，按国家和当地人民政府有关规定执行。

第十五条　甲方为乙方提供以下福利待遇：

____

____

六、劳动纪律

第十六条　乙方应遵守甲方依法规定的规章制度；严格遵守劳动安全卫生、工作制度和工作规范；爱护甲方的财产，遵守职业道德；积极参加甲方组织的培训，提高思想和职业技能。

第十七条　乙方违反劳动纪律，甲方可依据本单位规章制度，给予必要的纪律处分，直至解除本合同。

七、劳动合同的变更、解除、终止、续订

第十八条　订立本合同所依据的法律、行政法规、规章发生变化，本合同应变更相关内容。

第十九条　订立本合同所依据的客观情况发生重大变化，致使本合同无法履行的，经双方协商同意，可以变更本合同相关的内容。

第二十条　经甲、乙双方协商一致，本合同可以解除。

第二十一条　合同期内，甲方委派乙方到境内外甲方所属机构工作的，原有劳动合同仍然有效，但甲方应和乙方签订有关境内外工作的协议；经甲方批准，乙方到境内外非甲方所属机构担任一定阶段工作的，可由乙方与该机构签订有关协议。

第二十二条　乙方有下列情形之一，甲方可以解除本合同。

1. 在试用期间，被证明不符合录用条件的。

2. 以欺诈手段订立本合同的。

3. 严重违反劳动纪律或对甲方利益造成重大损害的。

4. 严重失职、营私舞弊，对甲方利益造成损失的。

5. 泄露甲方商业秘密，给甲方造成严重损失的。

6. 被依法追究刑事责任的。

7. 不能胜任劳动合同约定的工作，经过培训或调整工作岗位仍不能胜任工作的。

8. 乙方患病或非因工负伤、医疗期满后，不能从事原工作也不能从事甲方另行安排的工作的。

9. 劳动合同订立时依据的客观情况发生重大变化，致使劳动合同无法履行，经当事人协商不能就变更劳动合同达成协议的。

第二十三条　甲方按照第二十二条第7，8，9款的规定解除本合同时，应提前三十日以书面形式通知乙方。

第二十四条　甲方濒临破产进行法定整顿期间或者生产经营发生严重困难，应提前三十日向工会或者全体职工说明情况，听取工会或者职工的意见，并向劳动行政部门报告后，可以解除合同。

第二十五条　乙方有下列情形之一，甲方不能依据本合同第二十二条第7，8，9款和第二十四条终止、解除本合同。

1. 患职业病或者因工负伤，医疗终结，经市、区、县劳动鉴定委员会确认丧失或者部分丧失劳动能力的。

2. 患病或非因工负伤，在规定的医疗期的。

3. 女职工在孕期、产期、哺乳期的。

4. 距法定退休年龄十年以内的职工。

5. 复员军人、退伍义务兵和建设征地农转工人员中初次参加工作未满三年的。

6. 法律、行政法规规定的其他情形。

第二十六条　乙方欲解除劳动合同，应当提前三十日以书面形式通知甲方，甲方在乙方完成业务以及清理完所办理的债权债务的情况下，可解除劳动合同。

第二十七条　有下列情形之一，乙方可以随时通知甲方解除本合同。

1. 在试用期内的。

2. 甲方以侵害乙方合法人身权利手段强迫劳动的。

3. 甲方不能按照本合同规定支付劳动报酬或者提供劳动条件的。

4. 甲方违反国家有关规定，劳动安全卫生条件恶劣，严重危害乙方身体健康的。

5. 法律法规规定的其他情形。

第二十八条　本合同期限届满，劳动关系即终止。甲、乙双方经协商同意，可以续订劳动合同。双方当事人应在本合同期满前30天，向对方表示续订意向。

第二十九条　订立无固定期限劳动合同的，乙方达到法定退休年龄或甲、乙双方约定的其他终止条件出现，本合同终止。

八、违反劳动合同的责任

第三十条　甲方根据本合同第二十条，二十二条第7，8，9款，第二十四条解除劳动合同，应按原劳动部制发的《违反和解除劳动合同的经济补偿办法》给乙方经济补偿。

第三十一条 有下列情形之一，并对乙方造成损害的，甲方应当承担赔偿责任，并按《违反有关劳动合同规定的赔偿办法》执行。

1. 由于甲方原因订立无效劳动合同，包括劳动合同部分无效的。

2. 甲方故意拖延不订立劳动合同，即招用不按规定订立劳动合同以及劳动合同到期后十日内未办理续订劳动合同手续的。

3. 甲方违反《劳动法》的规定侵害女职工和未成年工合法权益的。

4. 违反《劳动法》的规定或本合同规定的条件解除劳动合同的。

第三十二条 甲方有下列情形之一，乙方除要求甲方补足工资报酬、经济补偿外，还可以按国家和当地政府有关规定，要求甲方支付赔偿金。

1. 克扣或者故意拖欠支付乙方工资的。

2. 拒不支付乙方延长工作时间工资报酬的。

3. 支付乙方报酬低于本地最低工资标准的。

4. 解除劳动合同后，未按本合同第三十条支付经济补偿的。

第三十三条 甲方依据本合同第二十二条第 8 款解除劳动合同，除给乙方经济补偿外，甲方应根据原劳动部制发的《违反和解除劳动合同的经济补偿办法》发给乙方医疗补助费。

第三十四条 乙方有第二十二条第 3，4，5 款情形的，甲方除解除本合同外，可保留依法索赔的权利。

第三十五条 乙方不得在掌握甲方商业秘密的保密期限内提出解除劳动合同或自动离职；经协商解除合同后，亦不得在期限内自行或在与甲方有竞争关系的单位从事和原在职时相同或有关的经营活动。

第三十六条 乙方违反本合同规定条件解除劳动合同或者违反本合同约定的保密事项，给甲方造成经济损失的，应按本合同约定或损失数额承担赔偿责任。

第三十七条 乙方违反本合同规定条件解除劳动合同的，应承担相应的经济赔偿。如果在公派境内外培训或出境实习后为甲方工作期限在 ______ 年以内发生的，应赔偿甲方有关的费用。

九、当事人约定的其他内容

____

____

十、劳动争议处理

第三十八条 因履行本合同发生的劳动争议，当事人可以向本单位劳动争议调解委员会申请调解。调解不成，当事人一方要求仲裁的，应自劳动争议发生之日起六十日内向______劳动争议仲裁委员会申请仲裁。当事人一方也可以直接向劳动争议仲裁委员会申请仲裁。对裁决不服的，可以向人民法院提起诉讼。

十一、其他

第三十九条　甲方以下规章制度__________对合同当事人双方具有约束力。

第四十条　本合同未尽事宜，按国家、当地人民政府有关规定执行。

第四十一条　本合同一式两份，甲、乙双方各执一份。合同自签订之日起生效，具有同等法律效力。

甲　　方：____________（盖章）

法定代表人：____________（签字）　乙方：____________（签字）

签订日期：____年___月___日　签订日期：____年___月___日

鉴证机关：____________（盖章）

鉴 证 员：____________（签字/盖章）

鉴证时间：____年___月___日

项目二

职业规划

◎ 项目导语

新东方的徐小平老师说："人生没有设计，你离挨饿只有三天。"我们由此可进一步推出，"职业没有规划，你离失业只有三年"，可见职业生涯规划的重要意义。在当今这个人才竞争日益激烈的时代，合理的职业生涯规划开始成为人才争夺战中的另一重要的利器。有了合理的职业生涯规划，在职业道路上我们就已经成功了一半。

现在，作为当代中职生的我们，只有认真、合理地规划未来，才能认识到自己的优势与不足，才能不至于茫然虚度在校时光，才能认真学习到本领，从而在以后的求职道路上畅通无阻，而不至于在人才济济的现代社会上无立锥之地。学习了本项目的内容后，我们可以尽力地尝试着写一份自己的职业生涯规划，瞭望一下自己的未来，规划自己的职业理想。

◎ 项目目标

1. 了解职业差异及就业前景。
2. 掌握职业规划的撰写方法。
3. 掌握职业素养的基本要求。
4. 了解职业能力自评及职业选择定向。

任务一 职业差异及就业前景

学习项目 了解不同的职业及就业前景

任务导入

“我就是我，颜色不一样的烟火。”如今，一代代人已经开始听从内心召唤，勇敢追求梦想，在不同的职业岗位绘就属于自己的精彩人生。

职业规划的变化，正折射出社会的进步与成才观念的变化。在各行各业中，都有成千上万的优秀人才。他们中有勇敢逆行的消防战士，有守护一车乘客安危的高铁列车长，有勤恳好学的动物园饲养员，也有获得劳模称号的公交司机……更多的人已经走出与众不同的成才路，他们用自己的奋斗和创造力进一步激发社会潜能。他们中很多人没有光鲜的名校学历背景，甚至没走进过“象牙塔”接受高等教育，却在人生道路上坚定地选择适合自己的职业，最终通过努力赢得社会的肯定与祝福。

那么，你的职业选择是什么？你是如何进行职业准备的？

任务目标

1. 掌握职业分类的概念。
2. 了解职业分类的原则。
3. 熟悉职业分类方法。
4. 了解职业差异的影响因素。
5. 了解未来最有发展前景的九大行业。

知识要点

1. 职业分类的概念

职业分类是以工作性质的同一性为基本原则，按照一定的方法和标准，对社会职业进行系统和全面的划分。通过职业分类，择业者可以更好地认识职业的属性和特点，把握不同职业的本质差别，并结合自身的实际情况选择合适的职业。

2. 职业分类的原则

（1）同一性

职业分类的最基本的原则是同一性。具体而言，它是指构成一个职业的类别，必须在工作内容、工作范围、使用工具、工作环境及操作方法等方面都是同一的。

（2）标准性

职业分类是一项重要而又复杂的工作，对于职业的分类，要有严格的标准。特别是对于政府管理而言，标准性是极强的。这种标准反映为一个国家的“职业分类标准”，即由政府有关部门组织实施和制定的“国家标准”。

（3）多极性

社会职业是一个复杂又庞大的现象，有着数千甚至上万个类别。对于这样一个庞大的体系，需要划分为几个不同的层次或者等级。每一个层次或者等级中，一般都有许多类别。这样，才能把复杂而庞大的“职业”区分开。一般情况下，各国根据自己的情况，把职业分为 3 ～ 4 个层次。

（4）现实性

职业分类是一个现实的范畴，它要反映社会实际，是基于一个社会的产业结构、经济发展水平、社会文化状况、技术状态以及对于人的劳动状况做出划分的。

（5）应用性

职业分类虽有作为学术和理论研究的用途，但应用是其主要用途。职业分类的用途非常广泛，可以用于国民经济与社会发展状况的统计，可以用于人口普查和劳动力统计调查，可以用于国家对于“人”的数据的标准编码管理，可以用于学校毕业生的职业选择，可以用于大中学校的职业指导，可以用于政府劳动管理机构的职业介绍、职业指导和就业管理工作，也可以用于企业、事业单位的员工管理等。

3. 职业指导领域的职业分类法

职业指导是一个意义重大、涉及面广的领域，从对人进行职业指导工作的角度，也有着若干种职业分类方法，而且这些分类与心理学对“人”的划分紧密相关。职业指导领域的职业分类方法主要有以下几种。

（1）霍兰德分类法

这一方法把职业分为艺术型、调研型、现实型（能力型）、社会型、传统型（常规型）、企业型（领导型）6 种。这是一种应用普遍又非常重要的分类法。

（2）兴趣分类法

这一方法与人的活动兴趣相联系，把职业划分为机械型、户外型、计算型、文学型、说服型、科研型、艺术型、文秘型、服务型、音乐型 10 种。

（3）教育学科分类法

这一方法把专业大类分为人文科学、理科、社会科学、工科、教育、医科、农学、家政、体育、艺术10种，职业则与之近似或相关。

（4）DPT分类法

这一方法把职业分为与资料打交道为主的工作（D）、与人打交道为主的工作（P）和与事物打交道为主的工作（T）3种。有的学者还增加了“思维性工作”（I）的内容，将这一方法称为DPIT分类法。

（5）人力资源管理实用分类法

从现实人力资源管理的角度看，岗位或者职业、工作，首先是脑力、体力两个最大的类别。进一步而言，能为用人单位掌握、进行岗位管理和用于招聘选拔人员的职业，可以划分为经济工作、工程技术、科学研究、文化教育、法律公安、医疗卫生、文艺体育、行政事务、商业工作、生产工人、农林牧渔和服务工作12个类别。

4. 影响职业差异的因素

（1）个人因素

教育背景。不同教育背景的人在职业发展中会有不同的机会和限制。例如，拥有高等学历的人，可能更容易进入某些行业或职位。

技能与经验。个人的技能和经验也是影响职业发展的重要因素。某些行业或职位，可能更看重特定的技能或经验。

性格和兴趣。个人的性格和兴趣也会影响职业选择和发展。例如，喜欢与人打交道的人，可能更适合销售或客户服务等职位。

（2）社会因素

经济环境。经济环境的变化会影响职业发展的机会和前景。例如，经济繁荣时期，可能提供更多的就业机会；而经济衰退时期，则可能相反。

文化背景。个人的文化背景可能会影响职业选择和发展。有某种文化背景的人，可能更适合某类行业或职位。

政策法规。政府的政策法规也会影响职业发展的机会和前景。例如，政府的就业政策、职业培训计划等，可能会对职业发展产生影响。

（3）组织因素

企业的文化和价值观。企业的文化和价值观可能会影响员工的职业发展。例如，有些企业可能更注重员工的个人成长和发展，而有些企业可能更注重员工的稳定性和忠诚度。

晋升机会和职业发展路径。组织的晋升机会和职业发展路径也会影响员工的职业发展。如果企业有良好的晋升机会和职业发展路径，员工可能更容易获得更高的职位和更好的待遇。

领导的风格和人际关系。领导的风格和人际关系也会影响员工的职业发展。例如，某些领导可能更注重员工的个人才能和能力，而其他领导可能更注重员工的团队合作和沟通能力。

5. 未来最有发展前景的九大行业

（1）机器人行业

目前，工业机器人是集机械、电子、控制、计算机、传感器、人工智能等多学科技术于一体的自动化装备，由精密减速器、伺服电机、控制系统与本体几大部分构成。从目前来看，我国机器人相关企业已在核心零部件的研发生产上取得了一定的成果，但和欧美等国的领先品牌之间还存在一定差距，且市场占有率不高。此外，工业机器人的上游行业零部件产业，并不直接享受机器人产业政策的利好。但下游涉及众多应用领域，随着市场需求的持续增长，将会刺激上游产业规模的增大。

（2）金融行业

随着中国金融业的开放、外资银行的进入、国内金融机制的改革，民营的金融机构、保险机构也在增加，金融业在我国具有很好的发展前景。目前，国内金融市场，对金融人才的需求很大，尤其是急缺金融分析师、金融工程师、特许财富管理师、基金经理、精算师、副总裁级高管、稽查监管人员、产品开发人员、后台工作人员（在财务、结算、税务方面有经验）等九大类人才。

（3）农业

当前，“三农”工作重心历史性转向全面推进乡村振兴，解决保基本的粮食供给“够不够”问题，保多样保质量的“优不优”问题，突破前沿争尖端、抢占创新制高点的“有没有”问题，这些都离不开人才支撑。现代化农业人才是推动农业经济持续发展的第一动力，基层对高素质的现代化农业人才需求迫切。

（4）环境保护行业

随着环境问题的不断凸显，环境保护行业正逐渐成为社会关注的焦点。环境污染、气候变化等问题日益严重，促使人们对环境保护工作提出了更高的要求。因此，相关企事业单位也在不断增多。环保公司、环境技术研发机构、环境咨询公司等都需要大量的环保人才来支撑业务的开展。因此，环保人才的需求将持续增长，并将成为各类企业的热门招聘对象。

（5）医疗服务业

医疗服务产业链涉及从医院、医生、患者到药品、设备、保险等多个方面。医疗业是一个庞大且持续增长的领域，包括医生、护士、医技人员、药剂师等多个职位。

近年来，人们对医疗服务的需求不断增长，尤其是在大城市，医院床位紧张、医生资源短缺等问题日益凸显。与此同时，医疗技术的不断创新也对行业的人才需求提出了更高的要求。

（6）交通运输业

随着我国进入新发展阶段，交通运输业对高技能人才的需求越来越强烈，对交通领域紧缺技能型实用人才的需求越来越迫切。针对公路交通领域紧缺的道路工程、桥梁与隧道工程、交通安全等专业技术人才，水运领域紧缺的高级船员、高级验船师、救助人才、打捞人才，轨道交通专线领域紧缺的车、机、工、电、辆、供等专业系统专业技术人才，需要扩大精准引才的“朋友圈”，柔性汇聚全球人才资源，构建交通运输行业紧缺技能人才培养体系。

（7）新能源行业

随着全球对可持续发展的关注日益增强，新能源技术逐渐成为各国政府和企业发展战略的重要组成部分。尤其是在能源转型和减少碳排放的背景下，新能源技术的需求呈现出快速增长的趋势。例如，在太阳能、风能、水能和生物质能等领域，各种新能源技术的研发和应用都需要专业人才的支持。因此，相关企业和科研机构对新能源技术人才的需求十分迫切。

（8）旅游行业

随着旅游市场的迅猛发展，旅游行业的人才需求也在逐渐增长。旅游行业人才需求，主要包括导游、酒店服务员、交通管理人员、旅游销售人员等。因此，旅游企业应加强各类人才的培养和引进，以适应旅游行业发展的需要。随着旅游市场的不断拓展和发展，旅游企业对人才的需求也变得更加多元化。现在的旅游经济已经发展到了一个需要专业人才配合运营和管理的阶段，因此，旅游企业应重视招聘和培养具有跨界知识、多项技能的全才型人才。

（9）互联网服务行业

互联网带给整个中国经济模式的改变，已经影响到了社会的方方面面。互联网极大地改变了中国，这种改变还在继续。网络广告、搜索引擎、电子商务、网络支付等业务逐渐被人们接受，各大互联网公司从各自核心领域优势向这几个方面渗透，形成有序竞争，带动互联网行业良性发展。而中国网络基础设施的建设、5G 互联网的发展、国家政策的扶持规划，均给整个互联网行业创造了一个非常好的前景。

任务要求

目前，中职热门专业主要有计算机应用专业、护理专业、电子商务专业、汽修专业、建筑工程施工专业、会计专业、城市轨道交通专业、航空服务专业、高铁乘务专业、医学类专业、市场营销专业、厨师专业、数控专业、电子技术专业、幼儿保育专业、物流管理专业等。各小组选择 8 ~ 10 个专业进行调查分析，了解专业所对应的工作岗位、工作职责、工作能力要求、职业目标以及职业发展前景等。

任务分析

对中职热门专业的工作岗位、工作职责、工作能力要求、职业目标以及职业发展前景进行调查研究，促使学生深入地了解各类工作岗位对人才专业素质、专业能力提出的具体要求。建议各小组学生利用网络，对各类专业的相关情况进行调查研究，形成调查报告，制作 PPT，在班级内进行分享交流。

任务准备

1. 划分小组。
2. 成员分工。
3. 确定专业。

任务实施

1. 各小组选定 8 ~ 10 个专业，展开调查研究。
2. 利用网络搜索、收集、汇总各专业的工作岗位、工作职责、工作能力要求、职业目标以及职业发展前景相关信息，形成调查报告。
3. 制作 PPT，进行分享。
4. 各小组就分享的内容进行交流讨论。

总结评价

综合运用个人自我评价、小组评价、教师总结评价等方法，对学习资源的阅读情况、理论知识的学习情况、能力达成情况以及任务完成质量进行总结评价。

改善提升

对学习项目各个环节完成情况进行复盘，总结经验与不足，提出改进意见和措施，进一步完善学习汇报材料。

◎ 课后巩固

一、单项选择题

1. 职业分类以（　　）的同一性为基本原则。

A. 工作性质　　B. 工作岗位

C. 工作要求　　D. 工作能力

2. 下列不属于职业分类的用途的是（　　）。

A. 国民经济与社会发展状况统计

B. 人口普查和劳动力统计调查

C. 各类学校的职业指导

D. 企业、事业单位的员工管理

二、多项选择题

1. 工作分类的同一性原则，是指在下列哪几个方面都具有同一性？（　　）

A. 工作内容　　B. 工作范围

C. 使用工具　　D. 工作环境及操作方法

2. 职业分类的原则有（　　）。

A. 同一性　　B. 标准性

C. 现实性　　D. 应用性

3. 职业指导领域的职业分类方法包括以下哪几种？（　　）

A. 霍兰德分类法　　B. 兴趣分类法

C.DPT 分类法　　D. 人力资源管理实用分类法

4. 影响职业差异的因素有（　　）。

A. 个人因素　　B. 社会因素

C. 组织因素　　D. 学校因素

5. 下列属于影响职业差异的社会因素的是（　　）。

A. 性格兴趣　　B. 经济环境

C. 文化背景　　D. 政策法规

三、判断题

1. 职业分类是一项重要而又复杂的工作，要有严格的标准。这种标准为国家的“职业分类标准”，即由政府有关部门组织实施和制定的“国家标准”。（　　）

2. 政府就业政策、职业培训计划属于影响个人职业差异的组织因素。（　　）

3. 个人的技能和经验也是影响职业发展的重要因素。（　　）

4. 组织的晋升机会和职业发展路径不会影响员工的职业发展。（　　）

5. 金融行业的人才需求旺盛，但是对人才的学历要求较高。因此，中职生无法在此行业中立足。（　　）

四、辨析题

就业者的专业才能与工作能力更重要，还是团结合作与沟通能力更重要？

五、案例分析题

2022 届毕业生小王，来自云南罗平。直到当年 3 月份，他还未找到工作单位。他的一位朋友去参加国家医药管理局的供需见面协调会，顺便将他的应聘材料带去。刚好有一家制药厂要聘用他，且专业对口，又在其家乡。然而他本人的择业意向是：单位地点必须在昆明市，至于是昆明的什么单位、具体做什么工作都无关紧要。

你认为小王的择业意向是对还是错？请说明你的理由。

实践活动　辩论：就业的关键在于社会需要还是个人能力？

活动说明

辩理乾坤内，凭舌作枪，敢问谁为智者；论道古今中，以唇当剑，岂知我非英雄。为彰显新时代中职生积极向上的精神面貌，提高同学们的思辨能力和表达能力，促进班级间的交流合作，增进感情，以“就业的关键在于社会需要还是个人能力”为主题开展辩论赛。班级选派 8 位辩手，围绕辩题展开辩论。同学们唇枪舌剑，展示着思维的碰撞；谈古论今，闪烁着智慧的光芒。

活动示范（表 2-1）

表 2-1　辩题、正方与反方的辩论

辩题	正方 （就业的关键在于社会需要）	反方 （就业的关键在于个人能力）
一辩 （观点）	社会需要，是指社会作为一个整体或以整个社会为单位而提出满足最广大人民利益的社会发展的需要。择业者不仅要考虑个人的需要、兴趣、能力等因素，还要考虑社会发展的需要。	中职生就业的关键在于个人能力。我方所强调的自身能力包括专业知识技能、人际交往能力、创新实践能力、环境适应能力、心理承受能力、持续的学习能力以及团队协作能力等自身的综合能力。我们不相信天上掉馅饼，我们相信未来的一切都靠自己的能力创造。
二辩 （论证）	社会提供岗位，是个人就业的前提。社会所提供的正是社会所需要的。中职生和职业的存在以及中职生如何择业都受到社会发展的制约，个人需要应服从社会的需要。择业时，也应以全局为重。当个人的爱好与社会需要发生冲突，以及与个人价值实现相矛盾时，个人应服从大局。	何谓关键？关键是指对事物起决定性作用的因素，是事物的根本。外部机遇是中职生就业的重要影响因素，但决定就业与否的关键则在自身能力。“适者生存，强者胜”的生存法则自古有之，当今社会更是一个激烈竞争的社会，而竞争的核心就是能力。今天的辩题是在自身能力与外部机遇皆有之的前提下，探讨谁是关键，对此，我方的比较标准是面对机遇，能者居之。机会从来不是等来的，有能力才有发现就业机会的敏锐眼光，才有抓住机遇的更多手段，才有创造机遇的卓越能动性。就业竞争归根结底是求职者能力高低的竞争。
自由辩论	反方观点： 我们应持着辩证的眼光来看待。具体讲，第一点要做的就是分清主次，把握主要矛盾的主要方面，找重点、抓关键，以求更好地解决矛盾；第二，要坚持以发展的眼光看问题，实现就业只是就业的一个环节，而要在就业的岗位上获得可持续的长足发展，关键在自身能力；第三，实践是检验真理的唯一标准，通过能力实现就业，也是经得住实践检验的真理之一。 我方坚持认为，大学生就业的关键是个人能力。针对大学生就业的现状、能力与机遇的比较标准、唯物辩证的哲学观四个方面，分别进行了具体而深刻的阐述。 正方观点： 这个观点，完全可以被上升到一种追求、一种精神层面上的导向方面。比如，鲁迅先生，最开始的兴趣是学医，但是后来他发现，当时的中国社会，缺少的不是一位治病救人的医生，而是一个奋起疾呼、警醒世人的呼号者。从此，鲁迅先生走上了他的文豪之路，中国文坛也多了一把犀利的投枪……类似的例子还有不少。比如，班超的投笔从戎。	

续表

<table>
<tr><th>辩题</th><th>正方
（就业的关键在于社会需要）</th><th>反方
（就业的关键在于个人能力）</th></tr>
<tr><td></td><td colspan="2">社会从原始的群居部落到现在的高度文明，每一步的发展都需要不同的人才、不同的思想。每个人只有依据社会的需要而合理决定自己的发展方向，才有可能真正融入这个社会，才有可能真正为这个社会做出力所能及的贡献。倘若个人只是一味地注重自己的喜好、自己的需要去生活、去工作、去学习，而没有意识到自己只是社会这个大海里的一朵不起眼的小浪花。那么，个人只有渐渐远离这个社会，在不知不觉中消耗自己，最后只能以一声叹息为自己画上终点。我们总是在给社会培养人才，社会需要什么样的人，我们才能培养什么样的人，所以社会的需求更重要。人是为社会服务的，不是为自己。试问对方辩友：如果某公司只是招聘一位助理，你却一直想应聘经理职位，你肯定不会上岗，难道你一直想失业吗？</td></tr>
<tr><td>三辩
（结论）</td><td>社会需要为个人需要提供必要保障，并更具可操作性。不可否认，当社会需要与个人需要结合时是完美的，但是据调查，这种完美只占到总体的13%左右。基于现状，我们不得不明智地把社会需要摆在重要位置上。最后，中职生按照社会需要择业更有利于社会经济快速、健康地发展，站在现实、个人、社会的角度，我们还能否定社会需要对于中职生择业更重要吗？</td><td>就业，往大的方向说，我们都期待“大道之行也，天下为公，选贤举能，讲信修睦”的大同世界。然而，就社会现实来看，我们的社会是不完美的，人也是不完美的。正因为社会的不完美是由人的不完美所致，人如果完美，社会也必将完美，因为社会是由人主宰的。就小的方面而言，就业是中职生运用所学技能、实现自身价值的平台，唯有通过自身不断地努力，提升综合技能，方能在职场、在社会拥有自己的一片天地。</td></tr>
<tr><td>点评
嘉宾</td><td colspan="2">“就业的关键在于社会需要，还是个人能力”，这个辩题考查的是中职生在解决就业问题的过程中，如何看待社会需要和个人能力二者的重要性。社会需要是设岗的前提，但个人能力却是设岗的关键。中职生作为高素质的技能型人才，在就业择业的过程中，既要注重满足社会的需要，又要不断强化个人的能力。这样，才能在社会需要的岗位上实现人生的价值。</td></tr>
<tr><td>工作
人员</td><td colspan="2">主持人：
计时员：
记录员：</td></tr>
</table>

任务二　制定一份职业规划

学习项目　撰写职业规划书

任务导入

成功的人生需要正确的规划。合理地规划自己的职业生涯，就是设计自己人生清晰的目标和前进路径，就是做自己事业的工程师。当今，中职生的职业生涯规划是个时髦的话题，许多学校开设了相关的课程或组织了专题报告与讲座，但不少中职生对职业生涯规划或冷眼相对，或茫然无所适从，或流于形式，或不顾主客观条件随自己的兴致任意“规划”，这都会导致职业生涯规划的应有作用不能得到充分发挥。本项目通过对职业生涯的介绍，以及就业观和自我认知的阐述，总结出职业生涯规划的设计方法及原则，希望中职生们可以充分认识到职业生涯规划的重要性，对自己职业生涯进行科学的设计和有效的维护与管理，最大程度地实现自己的人生目标与价值。

那么，中职生应该如何制定自己的职业规划呢？

任务目标

1. 了解职业生涯规划的含义。
2. 掌握影响职业生涯的因素。
3. 知道如何树立自己正确的就业观。
4. 能够独立设计自己的职业生涯规划书，并付诸实践。

知识要点

1. 职业生涯的概念

“生涯”的英文为Career，从字源来看，Career来自拉丁文Carrus及罗马语Careeria，两者的含义均指古代的战车。在希腊，Career这个词含有“疯狂竞赛”的精神，最早常用作动词，如驾驭赛马，后来又引申为道路，或是人或事物所经历的途径，或是人一生的发展历程；也指人生的发展道路，还指一个人一生中所扮演的系列职业角色。

根据中国职业规划师协会定义：职业生涯就是一个人的职业经历，它是指一个人一生中所有与职业相联系的活动与行为，以及相关的价值观、愿望、态度等连续性经历的过程，也是一个人一生中职位、职业的变迁及理想、工作的实现过程。在这个重要而漫长的过程中，每个人的职业生涯都会受到家庭、教育、兴趣、性格、价值观、性别、环境、机遇、健康状况等主客观因素的影响。

2. 中职生职业生涯规划的意义

寻找适合自身发展需要的职业，实现职业与个体的匹配，体现个体价值的最大化是职业生涯规划的意义。中职生职业生涯规划的意义，具体可以概括为以下几点。

（1）帮助中职生发掘自我潜能，增强个人实力

进行职业生涯规划可以引导中职生正确认识自身的个性特质以及潜在的与现有的资源优势，帮助其重新对自己的价值进行评估并使其持续增值；引导其对自己的劣势与优势进行综合分析对比，树立正确的职业理想与职业发展目标；引导其评估现实与个人目标之间的差距，前瞻与实际相结合的职业定位，发现或搜索新的或有潜力的职业机会，使其学会如何运用科学的方法、采取可行的步骤与措施，不断增强自己的职业竞争力，进而实现自己的职业理想与目标。

（2）帮助中职生更进一步了解社会

生活在象牙塔里的中职生，常常缺乏对外部职业资讯、对社会的了解。在职业生涯规划过程中，中职生需要不断获取外部信息，获得的外部信息越多，心理准备就越充分，也就越能够根据社会的需要，考虑长远发展和眼前利益的关系，合理规划自己的职业生涯。

（3）有利于中职生培养自信心

自信是一种乐观对待生活的态度，自信才能成功。自信方面的障碍并不是认识障碍，而是与以往的体验和经历密切相关的情绪障碍。而规划职业生涯的过程，是中职生不断积累和学习的过程。随着知识的积累、接受的教育和培训的增多，以及对职业和自己工作认识的加深，自信心也就会逐渐建立起来。

（4）可以提升应对竞争的能力

“物竞天择，适者生存。”当今社会处在变革的时代，到处充满着激烈的竞争。要想在激烈的竞争中脱颖而出并立于不败之地，必须规划好自己的职业生涯。而不少应届职校生首先不是坐下来好好规划自己的职业生涯，而是拿着求职简历到处乱跑，总想会撞到好运气，找到好工作。结果是浪费了大量的精力、时间与资金，到头来却只能感叹招聘单位有眼无珠，不能“慧眼识英雄”，叹息自己英雄无用武之地。这部分职校生没有充分认识到职业生涯规划的重要性与意义，认为找到理想工作靠的是业绩、学识、关系、耐心、口才等条件；认为职业生涯规划纯属耽误时间，简直是纸上

谈兵，有那时间还不如多跑两家招聘单位。这是一种错误的理念。正所谓磨刀不误砍柴工，先做好职业生涯规划，未雨绸缪，有了明确的目标与清晰的认识之后，再把求职活动付诸实践，效果要好得多，也更科学、更经济。

3. 影响职业生涯规划的因素

（1）兴趣与意志

①兴趣。职业生涯规划的重要依据是兴趣。兴趣可以调动人的全部精力，提高人们的工作效率，让人以高度的注意力、敏锐的观察力、丰富的想象力和深刻的思维投入工作，进而大大提高工作效率。在其他条件相似的情况下，从事自己感兴趣的职业，不但能让自己的工作单位感到满意，而且能够让自己感到满意，并由此形成工作的稳定性和长期性。此外，多方面的兴趣可以使人善于应付多变的环境。如果变换工作，只要自己感兴趣，就能够很快学会这项工作技能，求职成功并能够在新的岗位上很快地适应和熟悉新的工作。所以，中职生不仅需要知道自己对哪类工作感兴趣，更重要的是需要知道自己有能力从事什么样的工作。只有将兴趣和能力结合起来考虑，才能规划好职业生涯并取得职业生涯的成功。

②意志。意志是一个人自觉地确定目标，调节与支配自己的行动克服各种困难，从而达到预期目标的心理状态。一个人对自己行动的目标有着充分正确的认识，善于明辨是非，能当机立断做出决定并予以执行；有百折不挠的精神、坚韧不拔的毅力；在行动中善于约束自己的言行、控制自己的情绪，做事情有刻苦执着的精神等，这样有助于职业生涯获得成功。职业生涯规划的自觉性、为实现长期职业目标而努力的坚韧性、进行职业抉择的果敢性、为完善职业生涯规划做出大量努力的勤奋性、职业规划和决策中的自主性等，都有益于达到职业生涯规划的科学性和合理性。没有坚强的意志，人就会在逆境中消沉颓废，在顺境中得意忘形，从而难以实现自己的职业生涯规划。意志强弱对于一个人的职业生涯规划而言，有着重大的影响。

（2）职业因素

职业声望、职业需求、行业发展前景与发展状况等因素，往往会影响个人的职业行为及未来的职业发展道路。我们对这些职业因素应谨慎考虑，认真分析，这将有利于个体进行正确的职业发展和职业选择规划。

①职业需求。在一定时间内，各种不同职业对劳动者的需求量是职业需求。职业需求可以强化和鼓励劳动者原有的职业倾向，打消和抑制劳动者不现实的设想，或者引导劳动者产生新的职业期望。一般而言，职业种类越多，职业需求越大，就业机会就越多。

②职业声望。在职业传统、社会习俗、社会舆论等因素的影响下，根据职业的需求、报酬、社会功能、晋升机遇及工作条件等方面，对职业进行的排序就是职业声望。职业声望的高低，对职业选择具有重要影响。

③行业发展状况与发展前景。要对行业发展状况进行分析，首先应了解自己现在所从事的行业的特征、类别和发展趋势。对行业发展前景进行预测要进行两方面的考虑，即国家对该行业的政策和行业自身的生命力。

（3）社会因素

社会环境对每个人的职业发展都有着重大影响，任何个人的职业发展和职业选择都无法摆脱社会文化环境、社会价值观念、政治氛围和制度、经济发展水平等因素带来的影响。

①经济发展水平。经济落后的地区，个人职业选择的机会就比较少，个人职业生涯也会受到限制。而在经济发展水平高的地区，相对而言，企业集中，优秀企业也就相对多，个人职业选择的机会就比较多，因而较有利于个人职业的发展。

②社会文化环境。社会文化是影响人类欲望、人们行为的基本因素。它主要包括社会文化设施、教育水平和教育条件等。在良好的社会文化环境中，个人能力会受到良好的熏陶和培养，从而为职业生涯打下更好的基础。

③政治氛围和制度。经济和政治是相互影响的，政治不仅会影响企业的组织体制，而且会影响到一国的经济体制，从而直接影响到个人的职业发展。政治氛围和制度还会潜移默化地影响个人的追求，从而对个人职业生涯产生影响。了解和分析影响职业的社会环境因素，有助于我们个人制定正确的职业生涯规划，使个人在不断变化的社会环境中取得职业生涯的新发展。

④社会价值观念。任何人都无法摆脱社会价值观念的影响，大多数人的价值取向都会为社会主体价值观念所影响。从某种意义上讲，一个人思想成熟、发展的过程，就是接受、认可社会主义价值观念的过程。社会主体价值观念一旦形成，就会直接决定人们对某种职业的接受、认识和认可程度，人们倾向于选择从事社会认可度高的职业，也会对其发展给予更多的支持和关注，从而影响某种职业的发展趋向。对大多数人而言，思想的成熟、发展是在职业发展的过程中完成的。所以，个体的职业发展是必然会被社会价值观念所影响的。

（4）家庭因素

我们生活的重要场所是家庭。一个人的家庭，是造就其素质以至于影响其职业生涯的主要因素之一。一般，父母对自己的子女会有一种期望，这种期望会在我们的幼年时期留下印象，并随时间的推移而强化。比较高的期望会有激励作用。父母所从事的职业是我们观察社会职业的开始。父母对自己的职业认同与否，对我们将来是否愿意从事这种职业有很大的影响。对于父母及亲戚的日常行为，我们熟悉并易于接受，这会影响我们职业理想的确立和职业选择的种类、方向。一个人的家庭经济条件好，他在将来受教育的程度往往更高，职业选择空间更大；一个人的家庭经济条件差，他接受教育培训的机会往往更少，而且他会感到肩上沉重的家庭责任，在工作单位离家远近、效益好坏以及是否读书深造等方面思虑颇多。

4. 撰写职业规划书的步骤

（1）深刻意识到职业生涯规划设计的必要性，并初步形成任务意识。调查了解并收集本校前两个年级的相关专业学生，在校期间是否做过职业生涯规划设计及毕业后工作的情况。

（2）了解自我，分析自身发展条件，确定“我能做什么”。完成霍兰德职业倾向心理测试，向任课教师、家人、同学、朋友了解他们对自己的评价。

（3）分析职业目标的可行性，明确“社会客观环境支持我做什么”。通过上网查阅收集有关信息资料、请教专业教师等途径，学习专业知识，并积极利用网络和其他媒体了解社会环境、行业发展前景、职业基本要求等。

（4）确定职业发展目标，明确“我的职业目标是什么”。通过整理以上资料，根据多方发展条件的分析，按预测、衡量、比较三个步骤选择并确立职业发展目标。

（5）构建发展台阶和制定具体发展措施，明确“我应该怎么做”，制订实现职业发展目标的行动计划。所有的思考最终需要转化为实际行动：为实现职业目标做好知识、能力、观念等方面的准备，并以此行动计划来指导日常学习和生活。对于在校中职生而言，行动计划的具体措施，须遵循“近细远粗”的原则，即，在校期间的近期目标措施要详细，远期目标措施相对可简略。

（6）及时进行反馈调整和跟踪调查。

①职业目标的可行性评估。根据学习课程的推进、专业技能水平的提升以及对职业发展方向的预测，定期对预定的职业目标的可行性进行评估。

②职业路径评估。积极利用各类手段与渠道，拓展职业目标实现思路，复盘预定的职业路径规划，对其进行评估，根据实际情况进行适当的调整。

③其他因素评估。主要包括健康因素、家庭因素、兴趣爱好因素等。

④评估的时间。一般情况下，3 个月进行一次评估。中职学生也可以以学期为单位，进行评估。

任务要求

每位同学撰写一份职业规划书。要求：职业规划书中包括自我盘点，即自身的优势与劣势分析；职业影响因素分析，主要有家庭环境因素、社会环境因素、行业环境因素与学校环境因素；目标定位，即能胜任期望的工作岗位；职业发展规划，即短期职业发展规划（3～5年）和长期职业发展规划；具体的行动计划，即为了实现职业目标而实施的具体方案。每个小组评选出最优职业规划书，在班级里进行分享交流。

任务分析

职业规划是学生对自己未来职业发展的预计与设想，也是学生对自身特点、环境因素的深入剖析。因此，学生应充分利用此次撰写职业规划书的机会。在教师的指导下，认真思考，科学规划自己的职业发展，为自己未来的奋斗设定目标。

任务准备

1. 划分小组。
2. 搜集资料。
3. 借鉴模板。

任务实施

1. 学生认真分析自身的优势与劣势。
2. 学生认真分析影响自身职业规划的相关因素。
3. 学生之间交流讨论，确定自己喜欢的工作岗位与就业单位。
4. 学生确定短期职业发展目标和长期职业发展目标。
5. 学生确定职业目标实现方案。
6. 撰写个人职业规划书。
7. 各小组推选优秀职业规划书，在班级内进行分享交流。

总结评价

综合运用个人自我评价、小组评价、教师总结评价等方法，对学习资源的阅读情况、理论知识的学习情况、能力达成情况以及任务完成质量进行总结评价。

改善提升

对学习项目的各个环节完成情况进行复盘，总结经验与不足，提出改进意见和措施，进一步完善学习汇报材料。

◎ 课后巩固

一、多项选择题

1. 影响职业生涯规划的职业因素有（　　）。

A. 职业声望　　B. 职业需求

C. 行业发展前景　　D. 行业发展状况

2. 职业生涯规划书中，要及时进行反馈调整和跟踪调查的内容是（　　）。

A. 职业目标可行性　　B. 职业路径

C. 其他因素　　D. 评估的时间

3. 影响职业生涯规划的社会因素有（　　）。

A. 经济发展水平　　B. 社会文化环境

C. 政治氛围和制度　　D. 社会价值观念

4. 影响职业生涯规划的因素有（　　）。

A. 兴趣与意志　　B. 职业因素

C. 社会因素　　D. 家庭因素

5. 中职生职业生涯规划的意义是（　　）。

A. 帮助中职生发掘自我潜能　　B. 帮助中职生更进一步了解社会

C. 帮助中职生提升应对竞争的能力　　D. 有利于中职生培养自信心

二、判断题

1. 职业生涯就是一个人的职业经历，它是指一个人一生中所有与职业相联系的活动与行为，以及相关的价值观、愿望、态度等连续性经历的过程，也是一个人一生中职位、职业的变迁及理想、工作的实现过程。（　　）

2. 政治氛围和制度对国家经济的发展会产生影响，对个人职业生涯不会产生影响。（　　）

3. 职业生涯选择的重要依据是兴趣。（　　）

4. 找到理想工作凭借的是业绩、学识、关系、耐心、口才等条件，职业生涯规划对就业而言，无任何意义。（　　）

5. 职业需求可以强化和鼓励劳动者原有的职业倾向。一般而言，职业种类越多，职业需求越大，就业机会就越多。（　　）

三、辨析题

职业规划一旦制定，就不应再进行修改。这种说法正确吗？为什么？

四、案例分析题

小李，女，17 岁，中职一年级，会计专业，担任班级生活委员，做事较严谨、仔细、有责任心。面临的问题：专业成绩较好，但总是找不准努力的方向，学习态度相对消极；对没有充分把握的事过于谨慎，容易错失机会；遇到困难、指责，缺乏自信，容易放弃既定目标；对于未来的职业、生活状态时常会感到恐惧不安。

请结合小李的实际情况，撰写一份职业规划书。讨论如何解决小李面临的各类问题。

实践活动　演说展示：我的职业规划

活动说明

职业规划可以帮助个人更好地认识自己，包括兴趣、特长和价值观，从而确定适合自己的职业方向和发展目标。职业规划使个人能深入了解市场需求和行业趋势，把握职业发展中的机会和挑战。职业规划还能帮助个人提升职业能力和素质，以实现自己的职业目标。正因如此，中职生应积极地制定职业规划。本活动不仅可以让学生将职业规划内容有机地融入于演说展示之中，还可以让学生产生职业发展的激情与动力。

活动示范

我的职业规划

敬爱的老师、亲爱的同学、在场的观众朋友们：

大家下午好！

很高兴今天能够站在这里与大家一起分享我的职业生涯规划，与其说是规划，倒不如说是我心中的一个梦。不过，这可不是做梦，而是梦想之花，我规划的主题是：每一天，都浇灌着我的梦想之花。

古语有云：凡事预则立，不预则废。对于个人的职业规划，我想同样是这个道理。莎士比亚曾说过："人生就是一部作品，谁有生活理想和实现的计划，谁就有好的情节和结尾，谁就能写得十分精彩和引人注目。"尤其是曾经由于没有规划而在求职过程中屡屡碰壁的我，更是感觉到未雨绸缪对于职业规划的重要性。

往事已矣，不堪回首；来者可追，重在谋划。因此，我结合自身情况、客观形势和所学专业的特点，思忖己之未来，制定如下之职业规划。将自己的未来好好地设计一下，有了目标，才会有动力。只要我认真地做好自己的职业规划，每一天，都用心浇灌我的梦想之花，我相信，我的未来不是梦。

我的职业生涯规划分为四个部分：全面了解、认识自我；职业探索；职业选择；职业目标分解与组合。

首先是全面了解、认识自我。作为国家骨干高职院校——××职业大学在校学生，我对自己做了一个全面的剖析：性格开朗自信，思维活跃，积极性高，有创造力，富有开拓精神，有追求成功的雄心和干劲，适于做IT行业的工作。根据PF卡特尔测试，我的思维天马行空，适合从事设计方面的工作，这与我的职业目标相吻合。

可是，金无足赤，人无完人。通过SWOT分析法，我对自己有了一个更深层次的认识。一个健康的身体、一个明确的目标，外加积极的处世态度以及开朗的个性造就了一个活泼大方且意志坚定的我。这样的我，还存在着很多的不足。面对社会的压力，有时我会用一些借口去忽悠自己；缺乏足够的社会经验，使我显得不够稳重。这样的我，还需要不断学习、改正，力求以一个更完美的姿态去面对这个多变的社会。

全球建筑装饰行业正在飞速发展，中国建筑装饰室内外设计行业面临着世界同行的竞争和冲击，是机遇也是挑战，这就需要培养大批量优秀的室内外装饰设计师，发展前景广阔。虽然前景十分宽广，但是竞争也很大，环艺人才的急剧增加，为我以后的就业带来了很大的压力。所以，我必须从各方面努力提升自己的能力，争取在这一领域占据自己的一席之地。

在暑假期间，我在姐姐和姐夫所在的公司接受了他们的培训。在培训的过程中，我发现自己爱上了这个行业。每次绘图，我都必须做到自己满意，无论是做到凌晨2点，还是4点。直到目前，我能够独立快速地制图，并且在20××年的8月中，按照客户的要求制作出了几张效果图，并得到了客户的肯定。在工作中，我重视人与人之间的关系，和同事相处融洽。

其次是职业探索。要成为一名室内外装饰设计师，首先要熟练地运用CorelDraw、Photoshop、CAD、3ds Max等软件，还要流畅地进行手绘；熟悉室内外设计的专业知识，懂得客户的想法，花费最少的费用，为客户打造出最好的效果。

再次是职业选择。我很庆幸自己有一个完整的家庭，虽然家境不是很殷实，但家庭成员关系和睦，家庭氛围民主。还有一个很重要的因素，姐姐是室内外效果图设计师，姐夫是室内外方案设计师，和他们在一起工作的时候，他们会教我专业知识，让我笨鸟先飞，提前学到更多设计方面的知识。

中国城市化建设的加快、住宅业的兴旺、国内外市场的进一步开放，为室内外装饰设计行业带来更为广阔的发展空间。统计资料显示：全国室内外装饰工程量每年以30%的速度递增，然而现在从事室内外设计并经过专业培训的科班出身人员不多，国内高等院校开设类似的专业起步较晚，室内外设计人才的培养远不能满足市场的需求，这让我有了更多的发展机会。

最后是职业目标分解与组合。万丈高楼平地起，所有的成大事者必定是从身边的小事开始入手的，所以我为自己未来十年做了一个具体的规划。从20×× 年到20×× 年，拿到大学毕业，拿到3ds Max 助理级证书，掌握室内外装饰设计要学习的专业知识，自己做一些简单的设计。20×× 年到20×× 年，拿到3ds Max 专业级证书、助理级室内外装饰设计师证书，能独立地制作室内外效果图，成为室内外效果图设计师。20×× 年到20×× 年，拿到3ds Max 设计师证书、室内外装饰设计高级技师证书，独立自主而有效率地设计出经济实用的室内外装饰方案。

《简・爱》里说：“人活着就是为了含辛茹苦。”我的人生目标是成为一名出色的室内外装饰设计师，为我国的室内外装饰设计事业贡献自己微薄的力量。为着这个人生目标，我将会不懈地奋斗下去。对于许多职校生而言，他们对自己的未来或许会有迷茫、不知所措，但我对于自己的未来充满了信心。我已确定了自己远行的航标，朝着这个航标前行，我相信我一定会成功。

因为，每一天，我都在浇灌着我的梦想之花。

任务三　职业素养的基本要求

学习项目　了解本专业对应职业素养的基本要求

任务导入

职业素养是指在职场中个人内在的规范和要求，是个人在职业过程中表现出来的综合品质，包含职业道德、职业技能、职业行为、职业作风和职业意识等多个方面。

职业素养不仅关乎个人在职场中的表现和发展，也关系到团队的协作和企业的整体绩效。因此，拥有良好的职业素养是职场成功的关键因素之一。

人生是一个过程，成功也是一个过程。如果我们想成为职场上的成功人士，我们就要努力培养自己的职业素养，学会接受意见和批评，努力提高个人素质，为未来打下坚实的基础。

那么，中职生应如何培养与发展自身的职业素养呢？

任务目标

1. 掌握职业素养的概念。
2. 了解职业素养的三个大核心。
3. 了解职业素养的组成。
4. 掌握本专业职业素养的基本要求。

知识要点

1. 什么是职业素养

职业素养是指个人在工作中表现出来的一系列综合品质，它包括这几个方面：职业道德、职业技能、职业行为、职业作风、职业意识。

此外，职业素养还涉及个体的基础能力和综合素质，如专业知识、专业技能等专业能力，以及沟通协调能力、高效执行力等。职业素养不仅是个人的内在品质，也是其外在行为的体现，它是人们在社会活动中需要遵守的行为规范。因此，职业素养不仅是个人发展的关键因素，也是衡量一个人职业生涯成败的重要指标。职业素养还可以量化为“职商”，即一个人的职业能力指数。

2. 职业素养的三大核心

（1）职业信念

职业信念是职业素养的核心。那么，良好的职业素养包含哪些职业信念呢？它包含良好的职业道德、正面积极的职业心态和正确的职业价值观意识。良好的职业信念应由爱岗、敬业、忠诚、奉献、正面、乐观、用心、开放、合作及始终如一等这些关键词组成。

（2）职业知识技能

职业知识技能是做好一个职业应具备的专业知识和能力。俗话说，“三百六十行，行行出状元”。没有过硬的专业知识，没有精湛的职业技能，就无法把一件事情做好，就更不可能成为“状元”了。

所以，要把一件事情做好，就必须坚持不断地关注行业的发展动态及未来的趋势走向；就要有良好的沟通协调能力，懂得上传下达、左右协调，从而做到事半功倍；就要有高效的执行力。我们研究发现：一个企业的成功，30% 靠战略，60% 靠企业各层的执行力，只有 10% 的其他因素。执行能力是每个成功的职场人必须修炼的一种基本职业技能。还有很多需要修炼的基本技能，如职场礼仪、时间管理及情绪管控等，这里就不一一罗列。

各个职业有各个职业的知识技能，每个行业还有每个行业的知识技能。总之，不断提升职业知识技能是为了让我们把事情做得更好。

（3）职业行为习惯

职业素养就是在职场上通过长时间地学习—改变—形成而最后变成习惯的一种职场综合素质。

信念可以调整，技能可以提升。要让正确的信念、良好的技能发挥作用，就需要不断练习、练习、再练习，直到成为习惯。

3. 职业素养的组成

（1）显性素养

知识与技能：从学校系统学习到的知识与技能。

理解能力：对事物的理解程度和速度。

判断能力：对事件的判断和评价。

经验：在工作中积累的认知和技能。

（2）隐性素养

职业态度：服从分配、积极主动、勤奋踏实、尽职尽责、学无止境。

职业道德：诚实守信、忠诚敬业、遵章守纪、严守机密、顾全大局、团结协作。

不同行业的职业道德的核心要求如下。

机械类：质量第一，信誉第一；遵规守纪，安全生产。

服务人员：主动热情，服务周到；顾客至上，文明礼貌。

驾驶人员：遵章守纪，安全正点；文明驾驶，爱车降耗。

会计人员：遵章守纪，廉洁自律；业务过硬，保守秘密。

幼儿教师：充满爱心，尽职尽责；为人师表，积极向上。

医务人员：救死扶伤，高度负责；医术精湛，奉献爱心。

行政管理人员：勤政高效，顾全大局；清正廉洁，率先垂范。

4. 一流员工的十大职业素养

敬业：爱岗敬业是一流员工必备的首要职业素养。

责任：恪守责任是每一位员工最基本的职业素养。

忠诚：忠诚是每位员工必备的职业素养。

诚信：诚信是一种植根于内心的职业素养。

执行：提升执行力，保证完成任务。

协作：没有完美的个人，只有完美的团队。

业绩：一流员工敢于用业绩说话。

智慧：做智慧型员工，用聪明头脑解决工作中的问题。

感恩：感恩是多赢的工作哲学。

微笑：释放正能量，带着微笑和快乐去工作。

任务要求

结合自身专业特点，在教师的指导下，各小组确定本专业职业素养中职业道德、职业技能、职业行为、职业作风、职业意识的要求，形成××专业从业人员职业素养。从职业素养切入，撰写职业素养学习心得体会。谈一谈，如何将自己培养为具备优秀职业素养的人。

任务分析

职业素养是从业人员在从业过程中展现出来的综合素质。优秀的职业素养，可以促使从业人员获得事业上的成功，从而实现更大的人生价值。此任务的设计，是为了引导学生对自己未来所要从事的工作的职业素养有明确的概念，进而引导学生向着预期的目标努力学习。

任务准备

1. 划分小组。
2. 成员分工。
3. 查找资料。

任务实施

1. 细化职业素养框架，即明确职业道德、职业技能、职业行为、职业作风、职业意识五个维度的具体内容。
2. 各小组对形成的专业从业人员职业素养标准的初稿进行讨论、交流，提炼出最准确、最合理的内容。
3. 形成专业从业人员职业素养标准。
4. 撰写职业素养标准学习心得体会。
5. 各小组推选优秀的心得体会并在班级内分享。

总结评价

综合运用个人自我评价、小组评价、教师总结评价等方法，对学习资源的阅读情况、理论知识的学习情况、能力达成情况以及任务完成质量进行总结评价。

改善提升

对学习项目各个环节完成情况进行复盘，总结经验与不足，提出改进意见和措施，进一步完善学习汇报材料。

◎ 课后巩固

一、单项选择题

1. 在工作中表现出来的一系列综合品质是（　　）。

A. 职业道德　　B. 职业意识

C. 职业素养　　D. 职业行为

2. 职业素养的核心是（　　）。

A. 职业思考　　B. 职业技术

C. 职业信念　　D. 职业知识

3. 一种职业应该具备的专业知识和能力是（　　）。

A. 职业知识技能　　B. 职业理念

C. 职业操守　　D. 职业思维

二、多项选择题

1. 下列属于职业素养中的显性素养的是（　　　　）。

A. 知识与技能　　B. 理解能力

C. 判断能力　　D. 经验

2. 下列属于职业素养中的隐性素养的是（　　　　）。

A. 职业行为　　B. 职业道德

C. 职业态度　　D. 职业知识

3. 下列属于职业道德的是（　　　　）。

A. 诚实守信　　B. 忠诚敬业

C. 遵章守纪　　D. 严守机密

三、判断题

1. 各个职业有各个职业的知识技能，每个行业还有每个行业知识技能。各个行业的知识技能是无法互通的。（　　）

2. 感恩和微笑是一流员工必备的首要职业素养。（　　）

3. 想把一件事情做好，就必须坚持不断地关注行业的发展动态及未来的趋势走向。（　　）

四、辨析题

1. 如何理解“工欲善其事，必先利其器”？

2. 如何理解职场中的“小不忍则乱大谋”？

五、案例分析题

赵宇毕业后，顺利进入一家大型数控企业做操作工。企业要求每名新入职的员工都要参加为期一周的培训。赵宇觉得自己技能已经过关了，培训的内容都是琐碎的制度、要求等，他就边接受培训，边拿着手机玩游戏。不料，被人力资源经理发现，将其“退回”了学校。

赵宇的案例对你有什么启示？你认为就业时应怎么做？

实践活动　资料整理：本专业毕业生职业素养的基本要求

活动说明

职业素养是指一个人在职场中所需要具备的道德、品德、能力和知识等素质，也是一个人在工作中能够正确应对各种复杂情境、规范自己的行为，并取得职业成功的基本要素之一。职业素养的提升不仅有利于个人的职业发展，更有利于组织的长远发展和社会的繁荣稳定。

资料示例

一、护理人员的职业素养

热爱护理事业。护理人员应热爱自己的工作，具有为人类健康服务的敬业精神。

专业技能。护理人员应有较强的护理技能，能应用护理程序的工作方法，解决病人存在的或潜在的健康问题。

合作精神。护理人员应具有良好的团队合作精神，与同行及其他人员保持良好的合作关系，相互尊重、友爱、团结、协作。

道德修养。护理人员应注意文明礼貌，用语规范，态度和蔼，稳重端庄，服装整洁，仪表大方。他们还应具有诚实、公正的品质，遵守职业道德，不做违背道德良心的不合法操作或不忠于职守的工作，以维护职业的声誉。

心理健康。护理人员应具有健康的心理状态，开朗、稳定的情绪，宽容豁达的胸怀，健壮的体格。

文化修养和专业理论知识。有一定的文化修养、护理理论及人文科学知识，以及参与护理教育与护理科研的基本知识。

管理能力。护士长作为护理工作的领导者和管理者，应具备一定的管理能力和操作能力，这些都将直接影响护理质量。

思想道德素质。热爱祖国，热爱人民，热爱护理事业，有为人类健康服务的奉献精神。

科学文化素质。护理人员应具备科学文化素质，这将有助于他们在护理工作中运用科学的理论和方法解决问题。

心理素质。护理人员应具备良好的心理素质，包括心理承受力、自我调节能力等，以便更好地应对工作和生活中的各种压力。

二、汽车维修技师的职业素养

良好的职业道德。坚持诚实守信，尊重客户，保护客户隐私，严格遵守相关法律法规。

持续学习和自我提升。不断学习汽车维修和诊断技术，了解新型汽车技术和维修方法，保持与行业发展同步。参加汽车制造商、经销商或相关培训机构组织的培训课程，提升维修技能和专业素质。参加行业展览、技术交流会和研讨会，与其他维修技师分享经验和技术，拓宽自己的眼界。熟练掌握汽车维修所需的各类工具和设备，确保工作高效、安全和准确。

注重安全和环保。严格遵守汽车维修过程中的安全操作规程，佩戴个人防护装备，确保自身和客户的安全。在维修过程中，遵循环保原则，合理使用和处理有害废弃物，减少对环境的污染。

优质服务和沟通能力。根据客户的需求和汽车状况，给予客户专业的维修建议和推荐，帮助客户做出明智的决策。与客户进行清晰、准确的沟通，解释维修细节和费用组成，避免产生疑惑和误解。如果发现在维修过程中产生额外费用或发生特殊情况，要及时与客户沟通并取得同意，避免纠纷和误解。

团队合作和解决问题的能力。与同事和其他部门保持良好的合作关系，共同完成工作任务，提高工作效率和质量。在遇到维修过程中的问题时，要有灵活的思维和解决问题的能力，找到最佳解决方案。

三、保育员的职业素养

专业知识。保育员应具备基本的保育知识，包括儿童医学常识和心理学常识，以便能敏锐察觉幼儿的身体和心理变化，并提供全面的关怀和照顾。

职业道德。遵循职业道德准则，如爱岗敬业、爱护幼儿、为人师表、遵纪守法、积极进取和团结协作。

情感态度。保育员应有爱心，将幼儿视为自己的孩子，并在日常工作中表现出耐心和细心。

身体素质。保持良好的身心素质，身体健康，乐观开朗；并且能在紧张忙碌的工作环境中，保持冷静。

沟通技巧。具备良好的沟通和协作能力，能与教师、家长以及幼儿进行有效沟通，共同促进幼儿的发展。

专业技能。掌握幼儿卫生保健基础知识，熟悉幼儿园一日活动的保育工作，并能运用疾病预防、安全防护与救助的基本方法和技能，确保幼儿的健康发展。

持续学习。不断提升自身的职业技能和道德修养，通过自学、培训等方式提高自己。

任务四　职业测评与定位

学习项目　进行职业测评与职业定位

任务导入

个人在工作和职业生涯中所具备的技能、知识态度和兴趣等，使个人能胜任特定职业和工作任务，并在职业发展中取得成功。我们要选择适合自己的职业，在职业发展中取得成功，首先要了解自己在职业方面的价值观、个性、兴趣和能力，这可以通过职业测评来实现。

那么，中职生应如何进行准确的职业测评与选择定向呢？

任务目标

1. 理解职业测评的概念。
2. 了解职业测评的内容与工具。
3. 了解职业定位的概念与原则。

知识要点

1. 职业测评的概念

职业测评，是对个人在职业发展过程中所具备的能力和素质进行客观分析和评价的过程。

个人通过对自己进行职业测评，能全面了解自己的优势和劣势，有针对性地进行职业规划和发展，实现个人职业目标。

2. 职业测评的内容与工具

（1）职业价值观测评

①埃德加·施恩的职业锚测试

施恩引入职业锚概念，是为了认清各种不同的工作倾向。人们自我感知的才能、动机和价值观等构成了人们对自身的职业定位，职业锚又是人们自己的职业观念的核心。此外，职业锚也可为选择职业提供一种基础，因为人们在选择工作或工作单位时所做的决定，往往与对自己的看法相一致。但是，人们又只有通过若干年的工作经验及实际考验，才能完全清楚、懂得他或她自己的职业锚到底应在哪里。施恩根据自己对斯隆管理学院男性毕业生长期研究的结果，发现了 8 种类型的职业锚：技术 / 职能型、管理型、自主 / 独立型、安全 / 稳定型、创业型、服务型、挑战型、生活型。

②工作价值观量表

工作价值观量表（Work Value Inventory，简称 MVI），是美国心理学家舒伯于 1970 年编制的，用来衡量价值观 —— 工作中和工作以外的 —— 以及激励人们工作的目标。量表将职业价值分为 3 个维度：一是内在价值观，即与职业本身性质有关的因素；二是外在价值观，即与职业性质有关的外部因素；三是外在报酬，共计 15 个因素。

工作价值观量表用来测量和工作满意状况有关的价值观。其实，在一般价值观中已经包含工作价值观，只是不够具体和细化。工作价值观是人生目标和人生态度在职业选择方面的具体体现。它对一个人的职业目标和择业动机起着决定性的作用。对工作价值的研究是职业生涯规划的基础。

③罗克基价值观调查表

罗克基价值观调查表（Rokeach Value Survey），包括两种价值观序列（每个序列有 18 种价值观）。人们按照各种价值观在个人生活中作为指导原则的重要性，对它们进行排序。第一序列包括“目的”价值观，或者说是与人们希望从生活中获得与什么有关的价值观；而第二序列则由“工具”价值观组成，即与其为人处事方式有关的价值观。该调查表的一个重要方面是按价值观的相对重要性排序，这表明人们必须依照他们自身内部的价值观体系来做出选择。

（2）职业个性 / 性格测评

①迈尔斯 - 布里格斯个性分类指标

迈尔斯 - 布里格斯个性分类指标（Myers-Briggs Type Indicator，简称 MBTI）是凯瑟琳·布里格斯和伊莎贝尔·迈尔斯母女以瑞士精神病学医生卡尔·荣格的研究成果为基础，通过观察所有人在不同时期的 8 种不同的个性偏好，提出的一个非常有用的测量个性的方法。

这 8 种个性偏好被编成 4 组，每组都是由两极组成的一个区间。划分这 4 个区间的尺度是：人是怎样获得能量的，人是怎样领悟信息的，人是怎样做决定的，以及人是怎样选择个人偏好的生活方式的。

“获得能量”有外部转化和内部转化两种。外部转化是从他人、从外部世界的活动或事情中汲取能量，内部转化是从个人自身的思想、感情或感觉世界中汲取能量。

“领悟信息”有依靠感觉和依靠直觉两种。依靠感觉的人借助自己的五官来收集信息，以判断什么是真实的。依靠直觉的人则是通过“第六感”来获取信息，用以估计什么事情会发生。

“做出决定”分为依靠思考和依靠感情两种。依靠思考进行决策的人，很多是通过整理各种信息，合乎逻辑地来做决策。依靠感情进行决策的人，则凭借个人兴趣和价值观取向来做决策。

“选择个人偏好的生活方式”分为依靠判断和依靠感受两种。喜欢做判断的人偏好有计划的、有条不紊的生活，而依赖感受的人则偏好自发的、随机应变的生活。

MBTI 是评价人的个性及喜爱哪种工作环境的一种有用工具，可以为人们提供有关个性类型、兴趣、可能的工作环境及职业生涯等方面的信息。

②卡特尔 16 项人格因素问卷

卡特尔 16 项人格因素问卷（Cattell’s 16 Personality Factor，简称 16PF），是雷蒙德·卡特尔在 1949 年提出的。现在它已经有了第 15 个版本。16PF 衡量这 16 种人格因素：热情；推理才能；感情稳定性；支配才能；活泼；规则意识；勇敢程度；敏锐性；猜疑心；抽象才能；私密倾向；忧虑度；接受变革的程度；自力更生的程度；完美主义；紧张度。

这 16 个因素可以进一步归入 5 种一般的个性范畴，即外向型、焦虑型、坚毅型、独立型及自我控制型。

从职业生涯规划角度看，人们可以用 16PF 来建立一份“个人职业生涯发展图”，利用该图可进一步深入了解自己的个性，因为它关系到自身兴趣和职业兴趣。

“个人职业生涯发展图”由 6 个部分组成，每个部分都具体分析了几种情况，即如何解决问题、如何应付环境压力、形成什么样的人际关系、在组织中担任的角色和在工作中的地位、对职业活动的兴趣以及向往的生活方式。同 MBTI 性格类型量表一样，16PF 人格因素问卷也被组织广泛使用，以帮助员工了解自我，并作为员工对自己职业生涯进行管理的工具。

③大五人格模型

研究表明，人的个性因素共有 5 种类型。当然，这种分法的要素和称谓也有值得商榷之处。这 5 种个性一般的划分是：外向型（Extraversion）、宜人型（Agreeableness）、尽责型（Conscientiousness）、稳定型（Stability）和开放型（Openness）。一般而言，组织在人事选任、雇员发展和开展个人自我评价时，都普遍按这种分类法来设计个性调查问卷，前面介绍的迈尔斯 - 布里格斯个性类型和 16PF 个性类型就是如此。

④基本人际关系行为倾向测试

基本人际关系行为倾向（Fundamental Interpersonal Relations Orientation-Behavior，简称 FIRO-B）是一种评价方法工具，用来观察个人的需要会如何影响自己对待他人的行为。FIRO-B 可以让个人深刻了解自己能否与他人和睦相处以及相处的人际关系类型。就其要旨而言，FIRO-B 测量的是人们在这 3 个方面的需要：①涵盖力，或者说是个人从他人那里寻求及期望的接触程度和出名程度；②控制力，或者说是个人从他人那里寻求及期望的权力大小和驾驭程度；③影响力，或者说是个人寻求及期望与他人保持关系的密切程度。

（3）职业兴趣测评

①霍兰德职业兴趣量表

约翰·霍兰德发现，人的个性、价值观及偏好的生活方式，一般会通过 6 种兴趣反映出来。霍兰德这一理论假定，工作的兴趣是个性的一种重要表现，这 6 种兴趣分别反映着人的个性中的特定因素。这 6 种兴趣倾向，包括务实型、研究型、社会型、传统型、创业型和艺术型。

具有务实型兴趣的人，往往愿意多做一些任务明确的实事；具有研究型兴趣的人，更讲科学性，更有学者风范，愿意搞研究；具有社会型兴趣的人更多地关注人文的、个人的价值倾向，并擅长处理人际关系；具有传统型兴趣的人关注的则是结构、传统和细节；具有艺术型兴趣的人更喜欢独特的环境，这样才能表现出他的创造性和个性；具有创业型兴趣的人则往往愿意当组织家，进行管理，喜欢目标明确的活动。

②斯特朗兴趣清单

在20世纪20年代，斯坦福大学的爱德华·斯特朗教授，列出了一份关于人的各种兴趣的单子，反映的都是特定的职业偏好。斯特朗认为，兴趣能给人带来他们在才能或成就中所看不到的一些东西。这些东西就是人们想做的事情以及那些能使他们感到满意的事情。

如今，斯特朗的这个兴趣清单（Strong Interesting Inventory，简称SII），包括了人们对25种基本领域的兴趣。它是区分兴趣和相关职业的有效方法。斯特朗兴趣清单包括彼此相关的3个方面：一般职业目标、基本兴趣标准和职业标准。一般职业目标是基于霍兰德的6种基本职业兴趣倾向提出的。25个基本兴趣标准，可以衡量人们对具体领域（如机械学或艺术活动）的兴趣强度和一致性。职业标准反映的则是个人兴趣与在211个不同职业中工作的男性和女性的兴趣相似程度。这样，SII就试图将个人的相当广泛的兴趣（即6大职业目标之一）和更具体的兴趣（即一种或多种基本兴趣标准）以及具体职业名称（即109种职业的211个职业标准）三者结合在一起。

（4）职业能力测评

①一般能力倾向测验

一般能力倾向测验（General Aptitude Battery，简称GATB）是所有工业取向的能力倾向测验中历史最悠久的一套测验，其诞生于20世纪30年代明尼苏达就业稳定研究机构的心理学家创建的一系列测验。在明尼苏达的这些测验中，除了有一个一般智力测验之外，还包括这几种形式上相互独立的测验，即文书能力测验、机械能力测验和心理运动能力测验等。这些测验在对文秘、机械工人、销售员以及其他职业团体施测的过程中，逐渐形成了一套职业能力样本，被试者的成绩可以和这个样本进行对比。于是，这种测验方法因此延续下来，直到美国劳工局根据工作分析和对59个测验进行因素分析后，于1947年建立GATB的测验结构，并对该测验进行了标准化。

GATB自形成以来，一直被广泛用于高中三年级的学生和成人的职业咨询与工作安置，成为美国就业部门的工作参考程序的核心部分，而被试者的测验得分对于其就业机会也有重大影响。这套测验目前至少被翻译成12种语言，应用于至少35个国家。

②差别能力倾向测评

差别能力倾向测评（Differential Aptitude Test，简称DAT）是学业取向的最流行的成套测验，最初是为初中和高中的教育与职业咨询而设计的，现在还用于基础成人教育课程和相关的课程、社区大学、职业/技术学校与相关机构。这套测验由8个分测验构成，即文字推理（VR）、数字推理（NR）、抽象推理（AR）、知觉速度与准确性（PSA）、机械推理（MR）、空间关系（SR）、拼写（SP）和语言应用（LU）。

整套测验的施测需要大约2.5小时完成。但是部分测验或某种计算机自适应版本则只需要1.5小时。DAT有一个版本专为人事和职业评价设计，更适用于职业或就业咨询而非学习咨询。这一版本的DAT通常和职业兴趣问卷一起施测，结合起来帮助学生在学习和就业时做出更加符合实际的选择。

3. 职业能力类型、特点与适应的职业（表2–2）

表2–2 职业能力类型、特点与适应的职业

职业能力类型	特点	适应的职业
操作型	以操作能力为主，运用专业知识或经验，掌握特定的技术或工艺，并形成相应的职业技能与技巧	打字、驾驶汽车、种植、操控机床、控制仪表
艺术型	以想象能力为核心，运用艺术手段再现社会生活和创造某种艺术形象	写作、绘画、演艺、美工
教育型	运用各种教育手段传授知识与思想或组织学习者进行知识学习	研究、宣传、思想政治工作
科研型	以人的创造性思维为核心，通过实验研究、社会调查和资料检索等手段进行新的综合、发展与发现	研究、技术革新、发展、理论
服务型	以敏锐的社会知觉能力和人际关系协调能力为主，借助人际交往或直接沟通使顾客获得心理满足	商业、旅游业、服务业
经营管理型	以决策能力为核心，能够广泛地获得信息并以此独立地做出应变、决策或形成谋略	经理、厂长、主任等管理领域及各行各业负责人
社交型	以人际关系协调能力为核心，能发现规律，善于周旋、协调，且能使对方通力合作	联络、洽谈、调解、采购

4. 职业定位的概念

所谓职业定位就是通过对行业发展的充分了解，根据自身能力及个性等各方面因素，对照有关职业的特点及择业条件，在职业规划和选择中对自己的职业趋向及范围进行综合考虑和定位。职业定位是职业目标的具体化，是职业目标的理想性与现实性的统一。

不同类型的人有各自的最佳职业范围。在特定的范围里，其才能与潜力才能得到最充分的发挥。个人一生的事业是否成功，关键在于职业定位是否准确。

5. 职业定位的意义

（1）定位准确可以持久地发展自己。

（2）定位准确可以充分利用自己的资源。

（3）定位准确可以抵抗外界的干扰，不会轻言放弃。

（4）定位准确能吸引用人单位的眼球，调动一切有利因素帮助自己发展。

6. 准确定位的原则

（1）要了解自己。

（2）要了解职业。

（3）要了解自己和职业要求的差距，需要仔细地比较各个方面要求的差距。

（4）要确定如何把自己的定位展示给别人。

任务要求

利用网络查找职业测评的方法与工具，对自己进行职业测评，根据职业测评结果，形成职业测评报告。小组成员都要进行测评，并根据测评结果制作 PPT。各小组推选出优秀职业测评报告，在班级内进行分享。

任务分析

职业测评对职业生涯规划特别有帮助。无论是中职生在最初的择业，还是成年人对他们现有工作不满或想更换工作，这些评价方法都可以发挥积极的作用。学生通过完成此项任务，对职业测评能有更直观的感受，加强对自我的了解，为他们日后事业的发展奠定基础。

任务准备

1. 划分小组。
2. 成员分工。
3. 下载职业测评方法与工具的相关资料。

任务实施

1. 各小组成员开展职业价值观测评。
2. 各小组成员开展职业个性 / 性格测评。
3. 各小组成员开展职业兴趣测评。
4. 各小组成员开展职业能力测评。
5. 形成职业测评报告。
6. 制作职业测评报告 PPT，各小组推选优秀代表进行分享。

总结评价

综合运用个人自我评价、小组评价、教师总结评价等方法，对学习资源的阅读情况、理论知识的学习情况、能力达成情况以及任务完成质量进行总结评价。

改善提升

对学习项目各个环节完成情况进行复盘，总结经验与不足，提出改进意见和措施，进一步完善学习汇报材料。

◎ 课后巩固

一、多项选择题

1. 准确进行职业定位的原则有（　　　　）。

A. 要了解自己

B. 要了解职业

C. 要了解自己和职业要求的差距，需要仔细地比较各个方面要求的差距

D. 要确定如何把自己的定位展示给别人

2. 职业定位准确的意义是（　　　　）。

A. 持久地发展自己

B. 充分利用自己的资源

C. 抵抗外界的干扰，不会轻言放弃

D. 吸引用人单位的眼球，调动一切有利因素帮助自己发展

3. 职业测评的内容有（　　　　）。

A. 职业价值观测评　　　　B. 职业个性 / 性格测评

C. 职业兴趣测评　　　　D. 职业能力测评

二、判断题

1. 职业测评能够促使自己全面了解自身的优势和劣势，有针对性地进行职业规划和发展，实现个人职业目标。（　　）

2. 不同类型的人有各自的最佳职业范围。在特定的范围里，才能与潜力可以得到最充分的发挥。（　　）

3. 职业定位是职业目标的具体化，是职业目标的理想性与现实性的统一。（　　）

三、辨析题

如何理解“无欲速，无见小利。欲速则不达，见小利则大事不成”？

四、案例分析题

小李是广州某职业学校 2023 届物流管理专业毕业生。临毕业前，他在学校就业办的推荐下，进入一家物流公司做仓库管理员。在那里，他的月薪只有 1900 元，且每个月只休息两天。

由于工资低，不到 5 个月，他离开了那家物流公司。不久，他在一家外资保险公司做起了寿险代理人。但由于缺乏工作经验，小李在竞争激烈的保险行业中难以立足，不得不在 3 个月后再次跳槽，进了一家销售化妆品的贸易公司做业务员。在贸易公司，他的销售业绩也不太乐观。于是，他“迫不得已”选择回家待业。

你认为小李频繁跳槽的本质原因是什么？如何避免在就业时频繁跳槽呢？

实践活动　演说展示：我的职业选择

活动说明

职业选择是一个重要的决策过程，涉及个人对自己未来就业方向和工作岗位类别的挑选和确定。这个过程不仅是个人职业生活的开始，也是人生道路的关键环节，标志着个人开始成为社会活动的主体并实现其人生价值。“我的职业选择”是职业发展的起点，是中职生走向就业岗位需要考虑的最重要因素。因此，中职生的职业选择越明确，对其学业的完成、专业技能水平的发展就越有利。

活动示范

我的人生我做主

尊敬的各位听众：

大家好！

我站在这里，不是作为一名演说家，也不是作为一名政治家，而是一个对未来充满热忱，对职业选择充满坚定信念的普通人。我站在这里，是为了分享我的职业选择，是为了探讨我们每一个人都会面临的问题：我们该如何选择我们的职业？

“人生最重要的事情就是确定一个伟大的目标，并决心实现它。”这是歌德的名言，它像一盏明灯，照亮了我职业选择的道路。我们每个人都在人生的十字路口徘徊过，都面临着各种各样的选择。那么，什么样的职业才是我们真正的选择？是能为我们带来高收入的职业吗？是能让我们名利双收的职业吗？

我的答案是：能够实现自我价值和对社会做出贡献的职业。

让我以一名物联网安装调试员为例，谈谈我的想法。随着智能化趋势的不断发展，越来越多的企业和项目开始采用智能化解决方案。物联网作为实现智能化的关键技术之一，对安装调试员的需求也将日渐增加。这为物联网安装调试员提供了更多的职业发展机会，并带来可观的经济收入，他们的社会价值得到彰显，人生价值也会有所体现。

那么，为什么我们要选择这样的职业呢？因为我们每个人都是社会的一员，我们的任何选择都会影响社会。我们的职业不仅仅是为了满足自己的生活需求，更是为了对社会做出贡献。我们的职业选择，应该是自我实现和社会贡献的统一。

“人生最大的快乐在于为人类做出贡献。”这是居里夫人的名言。我相信，每一个在座的人，都希望自己能够在未来的职业生涯中，为社会做出更大的贡献，实现自己的人生价值。

这就是我的职业选择，也是我希望在座的每一位听众能思考的问题。我们该如何选择我们的职业？是追求自我实现，还是追求对社会的贡献？我希望我们都能做出明智的选择，走出自己的道路，为社会做出贡献，实现自己的人生价值。

在结束这次演讲之前，我想引用一句乔布斯的名言：“你的时间有限，所以别浪费时间去过别人的生活。你必须相信点滴的进步会连接成重大的成果。你必须相信，你的天赋是用来创造东西的，无论它是什么。你必须相信，过去的失败是为了未来的成功。你必须相信，你会在你生命的旅程中找到自己的道路。”

让我们每个人都铭记这句话，让我们在职业选择的道路上，坚定信念，勇往直前。无论我们选择何种职业，无论我们面临何种困难，只要我们坚信自己的选择，付出努力和汗水，我们就一定能实现我们的梦想，为社会做出贡献，实现我们的人生价值。

最后，希望在座的每一位听众，都能找到属于自己的职业道路，活出属于自己的精彩人生。谢谢大家！

项目三

就业指导

◎ 项目导语

就业是民生之基、财富之源。就业问题是关系党和国家事业行稳致远的关键性工作，是关乎群众切身利益的大事。就业，一头连着社会稳定、经济发展，一头牵着千家万户、民生冷暖。就业问题在任何时候都不能忽视。中职学校始终要将就业放在重要位置，加强对学生的就业指导，要根据不同行业的具体情况精准施策，更需要搭建好线上平台，着力打通信息壁垒；实现企业和人才的精准对接，让每位中职生都能快速定位适合的岗位，更好地促进就业创业，答好“就业考卷”。

中职生要明白技能是就业市场的“硬通货”，借助各类技能培训，练好“内功”，掌握“一技之长”，才能拥有更广阔的就业空间，让就业更有保障。因此，中职生应充分利用在校时间，快速提升自我，打通就业之路。依靠专业技能培训，练好“内功”，不仅更容易就业，更能让技高者多得、多劳者多得。

◎ 项目目标

1. 了解就业相关事项。
2. 掌握就业途径、就业信息搜集方法。
3. 了解就业能力结构、就业待遇水平。
4. 了解求职材料的要点、面试流程与基本要求。

任务一 就业相关名词解释

学习项目 整理就业相关名词的基本情况

任务导入

仲夏将至，青春扬帆。炎炎7月，毕业生即将迈入社会，抒写人生新篇章。就业是实现人生价值的重要阶梯，是逐梦青春、成就未来的起点。

就业的大幕开启之前，你知道“三方协议”有什么用吗？你知道“五险一金”是什么意思吗？

想要更好地求职，找到自己满意的工作，需要掌握哪些基本的就业知识和哪些就业的相关术语？

准毕业生们快看过来吧！

任务目标

1. 掌握就业相关术语。
2. 了解就业时的注意事项。

知识要点

1. 就业推荐表

就业推荐表（图3-1），是“毕业生双向选择就业推荐表”的简称，是学校向用人单位推荐毕业生的书面材料。其主要包括基本情况、学业情况、本人简历、本人特长、爱好、社会表现及社会活动能力、在校奖惩状况、本人就业意愿、学校推荐意见、备注等信息。

注意：就业推荐表仅供毕业生向用人单位应聘时使用，由学校招生就业处统一制作并印发，每生一份，复印有效；学生可以另行制作个人推荐表，学校只对按此统一格式制作的就业推荐表进行审核盖章。

“就业推荐表”

经过学校相关部门审核盖章的用于毕业生就业的正式推荐材料，包含毕业生本人的基本信息，用于京外生源统招毕业生进京落户审批和各地人事主管部门接收毕业生落户审批。

提醒

①每人只有1份，待填写究整后可保留复印件。

②求职时先使用复印件，如单位同意解决户档关系，同时本人也愿意到该单位工作，再由毕业生把推荐表原件交给单位。

图 3-1　就业推荐表简介

2. 就业协议书

《中等职业学校毕业生就业协议书》，简称“就业协议书”或者“三方协议”（图3-2），是为明确毕业生、用人单位、毕业生所在学校三方，在毕业生就业工作中的权利和义务，经协商签订的协议。协议书也是学校派遣毕业生的依据，在学生毕业离校前，学校根据协议书的内容办理毕业生就业方案和开具户口迁移证，同时转递学生档案。如果毕业生未签订就业协议书，学校将把其关系和档案转递回原籍。每位毕业生各拥有唯一编号协议书（一式三份），实行编号管理。

注意：就业协议书是中职学校毕业生与用人单位订立的确立劳动关系的协议，它实质上是劳动合同的一种特殊表现形式。求职最终签署的合约具有法律效力，因此签约一定要慎重，同时协议书的填写也不可忽视。

“三方协议”

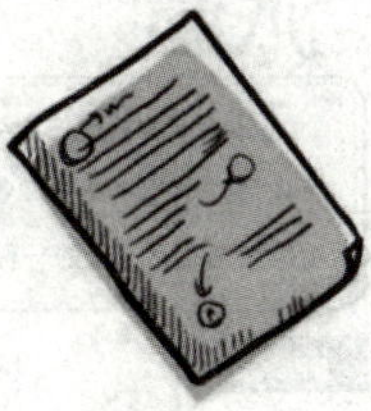

《中等职业学校毕业生就业协议书》的简称，一式三份，毕业生、用人单位和学校三方各持一份。毕业生与用人单位达成就业意向后签署三方协议，学校据此为毕业生进行派遣。

提醒

①三方协议最重要的作用是明确毕业生、用人单位、学校三方在毕业生就业工作中的权利和义务。

②三方协议不是确立劳动关系的法律文件，对劳动关系没有约束力。

③三方协议具有法律效力，违约要赔偿，在签订劳动合同后失效。

图 3-2　三方协议简介

3. 毕业生登记表

毕业生登记表（图 3-3）是各类学历教育毕业生用来填写所取得的学籍和毕业档案的登记表格，里面包含着毕业生个人的基本信息、简历和在学校的奖励、处分和评语等。它不仅是毕业生在校学习期间的成长记录，也是校方认定其毕业资格的基本依据。

“毕业生登记表”

毕业生登记表是由教育行政机关统一印制的具有规范格式的毕业生信息表格，是各类学历教育毕业生用来填写所取得的学籍和毕业档案的登记表格，内容包含着毕业生个人的基本信息、学习经历和在学校的奖励、处分、自我鉴定和评语等。

提醒

此表涉及学生的相关信息及其在校期间的经历，是证明学生从学校顺利毕业的重要材料之一，须归入学生档案中。

图 3-3　毕业生登记表简介

4. 派遣

派遣是指用人单位接收毕业生户口档案关系并签署就业协议书，学校在学生毕业时，直接将毕业生的户口和档案转至用人单位的一种就业形式，即“一次性就业”。

“二次派遣”又称“二分”，是指择业期内未落实就业单位的毕业生，派遣回生源地之后落实具体单位，由生源地毕业生就业主管部门再进行派遣的过程。（图 3-4）

“派遣”

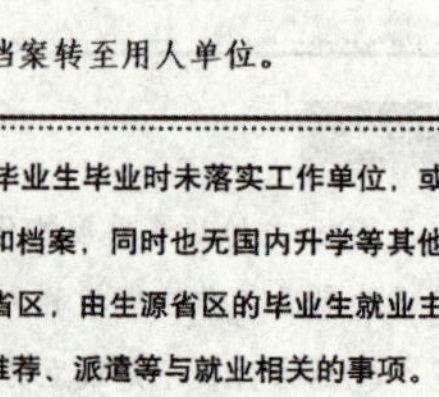

用人单位接收毕业生户口档案关系并签署就业协议书，学校在学生毕业时直接将毕业生的户口和档案转至用人单位的一种形式，即“一次性就业”。

提醒

①派遣与“签就业协议”的就业形式相对应，即对签署就业协议书的毕业生采用派遣方式。

②毕业时发放报到证和户口迁移证，将其户口和档案转至用人单位。

“二次派遣”

又叫“二分”，是指毕业生毕业时未落实工作单位，或落实的工作单位不接收户口和档案，同时也无国内升学等其他去向，学校将其派遣回生源省区，由生源省区的毕业生就业主管部门负责在省内为其办理推荐、派遣等与就业相关的事项。

图 3-4　派遣简介

5. 户口迁移

入学时户口未迁至学校集体户的毕业生，不必办理户口迁移手续；毕业生户口迁出后，请持户口迁移证等相关资料及时到入户地派出所落户。户口迁移证是公民户口所在地存在变动时，由原户口所在地迁往新落户地址的凭证。

户口迁移信息填写提醒，具体如下。

①须提前咨询准备落户的单位或迁往的派出所是否接收户口、落户流程及落户资料。

②须谨慎填写户口迁移申请，一旦下户办好《户口迁移证》后，不予改换迁往地址。

③户口迁移填写地址，要具体到省、市、区的地方门牌号（确切地址）。

Q1：已就业的毕业生怎么迁户口？

有以下几类选择（只能选择一种方式）。

①迁至就业单位集体户。

②迁往合法固定住所。

③迁回原籍。

④迁往就业单位所在地社会人才集体户（就业单位不解决户口的情况下）。

Q2：暂未就业的毕业生怎么迁户口？

①迁回原籍（包含去往港澳台中职学校和自费出国留学的，户口不予暂存学校）。

②暂存学校集体户 2 年。就业后及时回校办理迁移，2 年后仍未就业的，可迁回原籍。

③参军入伍学生的户口，建议迁回原籍。

6. 人事档案

人事档案（图 3-5）是记录一个人主要经历、政治面貌、品德作风等个人情况的文件材料，起着凭证、依据和参考的作用。在个人转正定级、职称申报、办理养老保险以及开具考研等相关证明时，都需要使用档案。人事档案是我国人事管理制度的一项重要特色，它是个人身份、学历、资历等方面的证据，与个人工资待遇、社会劳动保障、组织关系紧密挂钩，具有法律效用，是记载人生轨迹的重要依据。

Q：不同毕业去向的档案转寄方式有哪些？

（1）已有签约单位的毕业生的档案。①就业单位有人事档案保管权限：档案直接转寄至单位所在地。②就业单位没有人事档案保管权限但有选定委托机构代管：档案转寄至委托机构。③就业单位没有人事档案保管权限且没有指定机构代管：档案转寄至生源地人才服务机构，或自行选择人才服务机构（需提前与人才交流中心联系办理相关手续）。

（2）升学的毕业生的档案。档案接收单位应是考取中职学校的具体学院或研究生招生办公室，以各中职学校调档函要求为准。

（3）出国留学的毕业生的档案。档案接收单位可以是原籍人力资源和社会保障局或教育部留学服务中心（需提前与留学服务中心联系办理相关手续）。

（4）自主创业、自由职业的毕业生的档案。档案接收单位可以是原籍人力资源和社会保障局或者其他人才交流服务中心（需提前与人才交流中心联系办理相关手续）。

（5）没找到工作的毕业生的档案。暂时未落实工作的学生，经学校同意可暂存学校保管 2 年。但因学校档案馆不是人事代理机构，所以学生毕业后档案馆不予出具涉及档案材料及内容的相关证明。（图 3-5）

特别提醒：档案不允许个人保存。

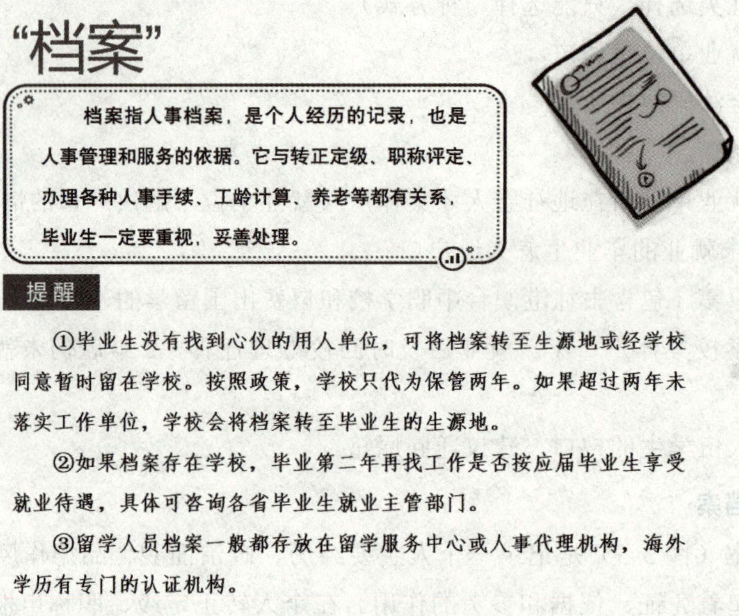

图 3-5　档案简介

7. 人事代理

人事代理（图 3-6）是指由政府人事部门所属的人才服务机构，按照国家有关人事政策法规要求，接受单位或个人委托，在其服务项目范围内，为多种所有制经济尤其是非公有制经济单位及各类人才提供人事档案管理等全方位服务，是实现人员使用与人事关系管理分离的一项人事改革新举措。

"人事代理"

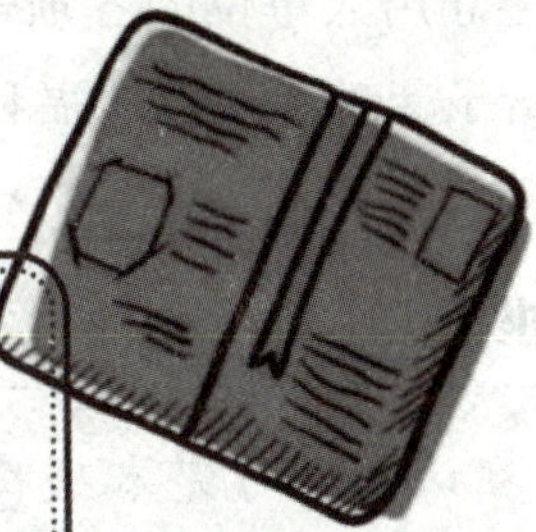

人事代理指政府人事部门所属人才交流机构，接受用人单位或个人的委托，为其提供系列的人事管理服务，负责保管人事关系档案、办理转正定级、考评技术职务、调整档案工资、核定工龄、接转党团组织关系等。

提醒

每年毕业生统一派遣时，建议拟继续升学、出国、选择自由职业和灵活就业的毕业生，或者未就业而打算继续就业的毕业生，最好在生源地采用人事代理的方法来保管户口和档案。

图 3-6　人事代理简介

8. 五险一金

五险一金是指五种社会保险和一项公积金。“五险”包括养老保险、医疗保险、失业保险、工伤保险和生育保险；“一金”指的是住房公积金。其中，养老保险、医疗保险和失业保险，这三种险是由企业和个人共同缴纳保费；工伤保险和生育保险完全由企业承担，个人不需要缴纳。

9. 劳动合同

劳动合同是劳动者与用人单位确立劳动关系、明确双方权利和义务的协议。一份完整的劳动合同必须具备这几方面条款：用人单位的名称、住所和法定代表人或者主要负责人；劳动者的姓名、住址和居民身份证或者其他有效身份证件号码；劳动合同期限；工作内容和工作地点；工作时间和休息休假；劳动报酬；社会保险；劳动保护、劳动条件和职业危害防护；法律法规规定应当纳入劳动合同的其他事项。

建立劳动关系应订立劳动合同。用人单位与劳动者在用工前订立劳动合同的，劳动关系自用工之日起建立；已建立劳动关系，未同时订立书面劳动合同的，应自用工之日起一个月内订立书面劳动合同；用人单位自用工之日起满一年不与劳动者订立书面劳动合同的，视为用人单位与劳动者已订立无固定期限劳动合同。

10. 试用期

试用期是用人单位和劳动者建立劳动关系后，为相互了解、选择而约定的不超过六个月的考察期。试用期是劳动合同期限中具有一定特殊性的一段期限，但其本质仍属于劳动合同期限。在劳动合同期限内，无论是劳动者还是用人单位都应诚信守法。

如劳动者应遵守用人单位的各项规章制度，勤勉履职，而用人单位则应及时足额支付劳动报酬，给予劳动者相应的福利待遇，包括缴纳社保等。

任务要求

学生在认真学习完本项目的知识点以后，利用网络进行拓展式学习，进一步了解就业推荐表、就业协议书、毕业登记表、派遣、户口迁移、人事档案、人事代表、五险一金、劳动合同、试用期等就业专业术语的内涵。建议各小组选取本专业的30名毕业生，对他们的就业推荐表的使用、就业协议书的签订、毕业登记表的使用与填写、派遣与户口迁移情况、人事档案现状进行调查、了解，并对就业学生的五险一金缴纳情况、劳动合同签订情况以及试用期情况等进行调查了解。通过调查了解，分析中职生在就业过程中遇到的困难与问题，并提出克服困难、解决问题的方法。要求每个小组都要形成调查报告，制作PPT对调查内容与结论进行分享，以5～10分钟为宜。

任务分析

就业相关术语学习的重点在于应用与实践。学生通过调查研究，能对就业术语有更为具象化的认知。调查以知识点版块中提及的知识点为依据，逐项认真调查，并具化调查结果，以图文并茂的形式展现出来。此任务可以帮助学生内化就业术语的相关知识，提升应用实践能力。

任务准备

1. 确定被调查对象的名单。
2. 搜集被调查对象的联系方式。
3. 划分小组，进行成员分工。
4. 确定调查问题与内容。

任务实施

1. 利用电话、微信、QQ等通信手段联系30名毕业生，开展调查。
2. 汇总、分析调查结果，形成调查结论。

3. 撰写调查报告。

4. 制作调查 PPT，进行分享。

5. 各小组就分享的内容进行交流讨论。

总结评价

综合运用个人自我评价、小组评价、教师总结评价等方法，对学习资源的阅读情况、理论知识的学习情况、能力达成情况以及任务完成质量进行总结评价。

改善提升

对学习项目各个环节完成情况进行复盘，总结经验与不足，提出改进意见和措施，进一步完善学习汇报材料。

◎ 课后巩固

一、单项选择题

1. “毕业生双向选择就业推荐表”的简称是（　　）。

A. 毕业生双向选择表　　B. 就业推荐表

C. 双向选择就业表　　D. 毕业生选择推荐表

2. 中职学校毕业生与用人单位订立的确立劳动关系的、实质上是劳动合同的一种特殊表现形式的文本文件是（　　）。

A. 派遣证　　B. 就业推荐表

C. 就业协议书　　D. 就业劳动合同

3. 是毕业生在校学习期间的成长记录，也是校方认定其毕业资格的基本依据的一项是（　　）。

A. 毕业生登记表　　B. 就业推荐表

C. 就业协议书　　D. 就业选择表

4. 下列哪一项是我国人事管理制度的一项重要特色，包括个人身份、学历、资历等方面的证据？（　　）

A. 就业选择表　　B. 毕业生登记表

C. 人事档案　　D. 就业协议书

5. “五险一金”中的“一金”是指（　　）。

A. 失业保险金　　B. 住房公积金

C. 养老保险金　　D. 理财基金

二、多项选择题

1. 就业推荐表使用过程中的注意事项有（　　）。

A. 学校会对就业推荐表进行审核盖章，无学校盖章无效。

B. 由于就业推荐表每人一份，所以，应在填写好个人信息后进行复印，并妥善保存。

C. 求职时可以先使用就业推荐表，正式入职以后，再将原件交与用人单位。

D. 就业推荐表中包括了基本情况、学业情况、本人简历、本人特长、爱好、社会表现及社会活动能力、在校奖惩状况、本人就业意愿、学校推荐意见、备注等信息，必须真实有效。

2. “三方协议”的“三方”是指（　　）。

A. 毕业生　　B. 用人单位

C. 毕业生所在学校　　D. 家长

3. “三方协议”的使用过程中，应该注意（　　）。

A. 它的作用主要是明确毕业生、用人单位、学校三方在毕业生就业工作中的权利和义务。

B. 它不是确立劳动关系的法律文件，对劳动关系没有约束力。

C. 它具有法律效力，违约要赔偿，在签订劳动合同后会失效。

D. 如果学校不同意，“三方协议”中可以省去办学校签字一项。

4. 在派遣工作中，毕业生的户口和档案被转至（　　）。

A. 生源地毕业生就业主管部门　　B. 毕业学校所在地的就业主管部门

C. 毕业生实习单位　　D. 用人单位

5. 已有签约单位的毕业生的档案的处理方式有（　　）。

A. 直接转寄至就业单位所在地

B. 如果有选定委托机构代管，则转寄至委托机构

C. 如无代管机构，则转寄至生源地人才服务机构

D. 自行选择人才服务机构代管

三、判断题

1. 就业推荐表供毕业生向用人单位应聘时使用，由学生个人单独设计、印刷。（　　）

2. 学校统一提供的就业推荐表，每生一份，不允许转借、复印。（　　）

3. 就业协议书是学校派遣毕业生的依据，在学生毕业离校前，学校根据协议书的内容办理毕业生就业方案和开具户口迁移证，同时转递学生档案。（　　）

4. 用人单位接收毕业生户口档案关系并签署就业协议书，学校在学生毕业时直接将毕业生的户口和档案转至用人单位称为派遣。派遣只允许一次，不允许二次。（　　）

5. 用人单位与劳动者在用工前订立劳动合同的，劳动关系自用工之日起建立。（　　）

四、讨论题

试用期，原本是用人单位与求职者建立劳动关系后，双方为了相互了解而协商约定的考察期限。“试用”是双向的，用人单位“试”求职者，求职者也“试”用人单位，谁不满意，都可以说“拜拜”。但劳动力市场供大于求，整体就业形势趋紧，致使试用期成了某些用人单位的专利，少数恶意企业主甚至把试用期设置成敲诈求职者的陷阱和非法牟利的“黑心工具”。

你知道的常见的试用期陷阱有哪些？

五、案例分析题

吴先生半年前应聘某汽车销售服务公司的汽车驾驶员岗位。单位承诺 3 个月试用期，试用期月薪为 800 元，转正后为 1800 元。经过面试，吴先生被单位录用。录用后，吴先生发现该单位仍在外进行汽车驾驶员岗位的招聘工作。当吴先生按约定即将做满 3 个月，欣喜地以为可以转正时，却接到了单位的辞退通知，理由是招到了更合适的人。失业后的吴先生在查找新的招聘信息时，发现该单位仍然在招聘汽车驾驶员。

以小组为单位，讨论吴先生碰到了什么问题，把讨论的结果填入表 3-1。

表 3-1　吴先生求职过程中遇到的问题

组别	吴先生遇到的问题	请你为他支招
第一小组		
第二小组		
第三小组		
第四小组		

实践活动　讨论：毕业求职，如何避免就业陷阱

活动说明

目前，就业形势复杂，就业市场混乱。个别不法分子打着求职招聘的幌子，布设骗局、坑害劳动者的现象时有发生。中职毕业生刚进入职场，有的急于找到满意的工作，防范意识不强，易落入招聘陷阱，给自己人身安全与财产安全造成损害。广大中职毕业生求职时应有效识别骗局，增强风险防范意识，提高自我保护能力。

活动资料

第一类　非法职业中介陷阱

招聘“黑中介”。一些没有相关资质、未取得人力资源服务许可或者冒用、伪造相关资质的“黑中介”，非法从事职业介绍、工作招聘等中介服务活动，甚至有的公司本身就属子虚乌有。这些“黑中介”大多无法提供真实、合法的“靠谱”工作机会，常打着介绍工作的幌子通过发布虚假招聘信息，以“轻松拿高薪”“升职加薪快”等为诱饵，使用各种手段骗取求职者钱财。

案例：求职者小周，大学毕业后急切想找一份满意的工作，经人介绍，在网上与A中介机构建立了联系。A机构称，缴纳6.5万元中介费便可安排小周去B集团做销售，月薪2万元，提成另算。小周在A机构的网页上没有看到其人力资源服务许可证及相关信息。当他询问情况时，A机构搪塞说许可证正在办理中，肯定都是没问题的。碍于朋友情面，小周便没有再深究，很快与A机构签署了服务协议并支付了中介费。随后，A机构告知小周，B集团因故不招人了，安排小周去C公司工作。小周入职C公司后，发现工资仅有4千元，日常工作压力非常大，公司还不给自己缴纳社保，这与A机构当初介绍的情况完全不一样。当小周想请A机构再介绍一份工作或退还中介费时，却发现已经联系不上该机构了。

防范提示：《就业促进法》《人力资源市场暂行条例》《网络招聘服务管理规定》等法律法规规定，相关机构从事职业中介活动、网络招聘服务的，应依法向人力资源社会保障行政部门申请行政许可，取得人力资源服务许可证；从事网络招聘服务的机构，应在其网站、移动互联网应用程序等首页显著位置，持续公示营业执照、人力资源服务许可证等信息，或者相关信息的链接标识。违反有关规定的，人力资源社会保障行政部门将予以相应处罚；构成违反治安管理行为的，公安部门将依法给予治安管理处罚；对构成犯罪的，将依法追究刑事责任。

未经许可，擅自从事职业中介活动的“黑中介”，属于典型的违法行为。求职者

通过互联网或线下中介服务机构求职，应选择具有正规资质的合法人力资源服务机构，一定要查看其是否取得人力资源服务许可证，最好选择诚信度高、经营规范的服务机构。不要轻信中介机构的口头承诺，一定要在确认相关内容的基础上签订正式服务协议。一旦遇到“黑中介”，请及时向人力资源社会保障部门投诉举报，若个人财物、人身安全等合法权益遭受侵害，请保留好相关证据并立即报警。

第二类 招聘收费陷阱

1. 入职前先交钱。中介机构还未介绍到工作就以各种名目向求职者收取费用，是最为典型的求职招聘陷阱。不法分子的常用手段，是以押金、保证金、办证费、服装费、资料费等名目收费。之后，再以各种苛刻的要求迫使求职者自动放弃求职或离岗，已交纳的费用借故不退还求职者。这类骗局往往有这样几个特点：对职位许以高薪并承诺工作轻松；对学历、工作经验要求很低；面试过程简单，轻易即可通过；收费要得急且看似各有名目，实际并不合理合法。

案例：求职者小李，在某招聘平台看到A公司的招聘信息，并根据该信息提供的联系方式，加入了用于应聘的qq群。群主声称A公司的招聘工作由B中介机构承办，抱着对客户负责的态度，B机构要对所有参与应聘的人员收取一定数额的保证金。小李到网上核查A公司资质，是比较正规的公司，也就未再核实B机构及相关人员的资质信息，缴纳了保证金、工号费、马甲费、培训费、任务押金，共2000余元。可小李一交完钱就被qq群主拉黑。

2. 求职“内推”。个别中介机构或个人宣称与世界500强、大型国有企业等知名公司合作，具有内部推荐权。求职者只要缴纳一定费用，就可以通过其提供的专业辅导或特定途径，顺利获得金融、互联网等热门行业公司的优质Offer。但这些能“内推”“保Offer”的承诺往往难以兑现。有的求职者因本身符合相关岗位要求而被录用，这类机构就归功于己；如果求职者没被录用，这类机构就会以种种理由搪塞，拒绝退还求职者相关费用。

案例：求职者小刘拥有国外高校硕士学历，回国后由于对国内求职情况不太了解，于是在网上找到一家职介机构。该机构表示“有资源”，能确保他拿到一线互联网公司的Offer。为此，小刘支付了16999元服务费，但该机构仅为他提供了2次修改简历的一般课程，对他尽快入职的要求进行各种敷衍，后期干脆“失联”，承诺的Offer更是不见踪影。

3. 招聘“套路贷”。不法分子与不良网贷平台勾结，“挖出”购车贷、美容贷等新型招聘陷阱，主要蒙骗毕业不久、初入职场、找工作心切的求职者。

案例：求职者小王，在某招聘平台看到某公司招募货车司机的信息“开货车拉货、C1驾照即可、每月保底收入28000元”。面试时，该公司承诺收入能保底，但前提条件是必须在该平台购买车厢长度4.2米的货车，只要买了车就可以和他们合作的物流公司签订合同。但在缴纳4万多元的首付款、办理36个月的按揭贷款（共12万元）购买了一辆轻型卡车后，小王发现既没货拉，又无活干，最后不仅没挣到钱，还背上了巨额贷款。

4. 入职捆绑付费培训。一些培训机构或中介公司，以招聘为名变相招生，以高薪、名企工作岗位为诱饵吸引求职者。面试时，则向求职者提出“工作能力不足”“岗位有从业资格限制”等理由，要求进行入职培训或考证培训，并承诺完成培训后即可上岗。当求职者交付培训费用后，此类培训机构却不提供承诺的相应工作，或者以不能满足岗位需求等理由，在求职者刚一上岗就予以解雇。更有的企业，一旦收取求职者的培训费后，就会即刻“人间蒸发”。

案例：A公司在某招聘平台上以“高薪+零招聘条件”招聘程序员，小高被此高薪条件吸引投递简历并参加了面试。面试之后，A公司以所学专业不对口为由，要求小高参加公司组织的自费培训，之后方可正式录用。小高没有多想就在入职前的“实习期”签署了“协议”，培训费高达数万元。后来小高逐渐发现，A公司提供的培训都是线上视频网站的网课，不但长时间未安排实质工作，最后还以种种理由使他无法通过实习期。这时，小高才意识到，工作没找到反而花了一笔“培训”的冤枉钱。

防范提示：《劳动合同法》第九条明确规定，用人单位招用劳动者，不得以任何名义收取劳动者财物。《人力资源市场暂行条例》第二十七条规定，人力资源服务机构接受用人单位委托招聘人员或者开展其他人力资源服务，不得采取欺诈、暴力、胁迫或者其他不正当手段，不得以招聘为名牟取不正当利益。违反有关规定的，人力资源社会保障行政部门将予以责令改正、没收违法所得、罚款、吊销人力资源服务许可证等处罚；给个人造成损害的，依法承担民事责任或由有关主管部门依法给予处罚。

此类在招聘过程中花样繁多的收费行为，多涉及虚假招聘和骗取财物。用人单位、人力资源服务机构应严格遵守有关法律法规，合法、诚信经营，不得开展和参与虚假招聘等违法违规活动。收费“内推”、保Offer等多属虚假宣传，涉嫌违法违规，求职者千万不可抱着“走捷径”“靠关系”等心态轻信骗子的话术，应通过正规网络招聘服务平台等人力资源服务机构或用人企业官网求职。求职者对有应聘意向的企业，最好事先通过第三方平台等渠道核查其相关资质。若企业在求职过程中以各种理由要求租用、购买各类工作设备或交钱、贷款才能够安排岗位的，应果断拒绝，以免上当受骗。员工培训成本一般应由用人单位承担，对经付费培训可录用、包就业等要求，求职者一定要警惕“挂羊头卖狗肉”陷阱，谨防既被坑骗一笔培训费，又浪费时间精力，最后学不到什么本领，更得不到理想的工作。求职者如果落入骗局，请切记保留好相关证据，及时报警并向人力资源社会保障部门投诉举报。

第三类　以招聘为名诱骗从事违法活动陷阱

1. 兼职“刷单”。不法分子通常会在一些知名网站、论坛、各类网络服务平台上发布事先编造好的招工信息，以“高薪急聘”“学历不限”等字眼博取关注。求职者一旦点击进入链接后，便会被要求通过加 QQ、微信等方式进一步“单聊”或“详谈”，逐步暴露更多个人信息并被诱导下载刷单 App。求职者一旦落入陷阱，最初几次刷单会轻松赚得几百元，随后为获得更高比例佣金而垫付更多金额，直到自己相当数额的资金转入了不法分子指定账户，就会被对方迅速拉黑。

案例：伪装成正规企业的 A 公司，在招聘平台发布“文员”职位招聘信息，声称“可在家办公，日结高薪，月入过万，工作轻松自由”。求职者小赵，在网上向 A 公司投递简历后，很快就被告知可以进入工作试用期了，并被要求下载一款 App 从事“刷单”工作。这项工作需要小赵在各大电商平台购买指定商品，商品大多为充值卡、网络服务等虚拟产品。小赵在购买商品后，需要通过付款截图和订单号联系公司获得收益。起初，小赵还会得到小额收益，但当加大刷单商品价值时则被企业告知，由于系统或银行问题暂时无法返款，需要再多刷几笔订单才可集中返还收益。小赵因为想要拿回支付商品的本金并获得收益而被套取了更多钱款，最终损失达数万元。

2. 传销“拉新”。传销组织具有收取入门费、拉人头、金字塔结构的盈利模式等典型特征。近年来，在有关部门的严厉打击下，一些传销组织转为通过布设网上招聘陷阱拉新人、发展下线。这类传销组织在招聘平台发布招聘信息，以“勤工俭学”“招聘兼职”“高额回报”等为诱饵，吸引求职者应聘。一旦求职者落入圈套，传销组织便会要求缴纳一定费用或购买某种产品，并指派各种“推销任务”。这类传销活动本身就具有一定迷惑性，又往往通过网络招聘等手段实施，更增加了其隐蔽性。

案例：一家自称某电信服务代理商的公司，在网络招聘平台广泛发布招聘信息。该公司对所有应聘者一概录用，并要求应聘者入职时办理每月 159 元、押金 1440 元、合约期为 24 个月的 5G 通信套餐员工卡，应聘者唯一的工作就是每月招聘不少于 10 名新人，以此不断发展下线。此案造成很多人员被骗，有的受害者甚至深陷其中，在该公司被打击处理后，依然不认为自己已落入骗局并从事了违法活动。对此，有关部门向受害者讲解国家禁止及打击传销活动的法律规定，剖析传销陷阱及其严重危害，让受害者认识到传销活动无论包装成什么样子、变换什么形式，都改变不了其违法犯罪的实质。

3. 色情招聘。这类招聘陷阱的目标多为年轻女性，常常以招聘“行政秘书”“生活助理”为名，有的还打着招聘网络主播等新兴职业的幌子，或明或暗要求“特殊陪伴”“专项服侍”等，实质上是要求女性求职者从事色情服务。

案例：A 公司通过某网络招聘平台发布“高薪招聘客房服务员”的信息，且明确

“欢迎26岁以下，身心健康，能自由支配时间，面临各种困难、需要高收入的佳丽应聘”。青春靓丽的女孩小丽应聘后，被A公司负责招聘的人员约至某酒店客房进行“面试”，没什么求职经验的小丽虽感觉面试地点及方式有些奇怪，但还是经不住优厚条件的诱惑去参加了面试。面试中，A公司招聘人员隐晦地说，“我们这边是招高薪岗位，美女应该清楚是做什么吧”，并提出了“每月5至10万起薪，包吃住、日结工资”等具有相当吸引力的“福利待遇”，还不断打听“是否已婚”“有没有交男朋友”等个人隐私信息。此时，小丽才意识到这份工作“不简单”，于是还算机智地找借口及时离开，避免遭受侵害。

4. 盗用个人信息。一些不法分子以招聘的名义，打着“高薪兼职”“点击返现”等幌子进行电信网络诈骗，诱导应聘者办理银行卡、手机卡或注册App账户。这些银行卡、手机卡或支付账户会被不法分子用于诈骗、洗钱等违法活动。一旦相关信息涉案会直接牵连到持有人，带来个人征信受损或须承担相应法律责任等风险。

案例：A公司在招聘平台发布“轻松兼职，只需身份证，十分钟搞定，工资优厚”等信息。小何抱着试试看的心理，添加了上面的QQ号码，前去应聘。对方告诉他，入职后工资会通过公司内部平台打入其工资卡，但在面试前要先下载某款App并绑定银行卡。小何照办了；但没想到面试迟迟没等来，却接到了公安部门的电话，告知其名下银行卡涉嫌洗钱等犯罪活动，要求其配合调查。这时，小何才恍然大悟，自己的个人信息被不法分子窃取和利用了。

防范提示：通过网络、新媒体等信息技术手段，以招聘为名诱骗求职者从事各类违法违规活动，是近年来较为常见的诈骗手法。对此，求职者要树立正确的择业观念，擦亮识别骗局的“慧眼”，掌握防范陷阱的“招数”，遇到“活少钱多”“轻松钱来”“躺平赚钱”等“听上去很美”的招聘信息，遇到“天上掉馅饼”的“好事”，一定要提高警惕，多查多问多防备，谨防“踩雷”“掉坑”。求职者一旦被骗、遭受侵害，请立即报警求助，并及时向人力资源社会保障部门投诉举报相关中介机构。

各类人力资源服务机构，要严格落实《人力资源市场暂行条例》《网络招聘服务管理规定》有关规定，接受用人单位委托招聘人员，应要求用人单位提供相关材料，并对材料的真实性、合法性进行审查，不得以招聘为名，牟取不正当利益，不得介绍单位或者个人从事违法活动；从事网络招聘服务时收集、使用其用户个人信息，应遵守法律、行政法规有关个人信息保护的规定。违反有关规定的，有关部门将依法给予相应处罚。

第四类　合同陷阱

“猫腻”合同。求职者找工作时，还要防范遭遇劳动合同陷阱。有的用人单位以种种借口拒绝与劳动者签订书面劳动合同；有的用人单位签订合同后，没有给劳动者一份合同文本留存；有的用人单位签订合同中，缺少工作岗位、劳动报酬、劳动条件等具体信息。劳动者到岗工作后，特别是当出现一些争议时，就可能被用人单位以没有书面劳动合同或者违反合同相关条款为由，拖欠或拒发薪酬。

案例：求职者小吴，在某招聘平台看到A公司发布的普工职位招聘信息。他来到面试时，有关管理人员明确表示"月薪2万元"。在小吴入职签订劳动合同时，公司却以少缴个税为由，要求在合同中写明月薪0.8万元，并口头承诺会将其余款项以报销住宿费、加油费等方式补齐。小吴因入职心切，签订了劳动合同。在工作了一段时间后，公司认为小吴不能完全胜任岗位，要求他尽快离职。小吴要求公司按照最初明确的2万元月薪，支付自己一个月工资作为代通知金，并另外支付一个月工资作为经济补偿金，但公司却主张以书面合同为依据，按照0.8万元的月薪标准进行相应补偿。

防范提示：《劳动合同法》第十条明确，建立劳动关系，应订立书面劳动合同。已建立劳动关系，未同时订立劳动合同的，应自用工之日起一个月内订立书面劳动合同。第十六条规定，劳动合同由用人单位与劳动者协商一致，并经用人单位与劳动者在劳动合同文本上签字或者盖章生效。劳动合同文本由用人单位和劳动者各执一份。劳动者在入职前一定要仔细阅读并认真签订劳动合同，尤其要核实清楚涉及个人权益的重点条款，这是对自己合法权益的有效保护。对于非全日制工作，《劳动合同法》规定可以订立口头协议，但应注意留存当初做出约定时的有关资料。若因故未能签订合同、订立协议，一旦遇到纠纷，应及时寻求人力资源社会保障等有关部门帮助，通过正规渠道予以妥善解决。

（资料来源：人力资源和社会保障部网站2023年6月10日《三部门发布求职招聘十个典型陷阱防范提示》）

任务二　就业途径

学习项目　整理本校学生就业途径

任务导入

繁花盛尽，艳阳高照。又到了一年一度的毕业季。你现在最大的愿望是不是希望找到一份满意的工作？那么，如何找到一份好的工作呢？

你可以浏览各类就业信息网站，包括中央有关部门主办的全国性就业信息网站、地方有关部门主办的就业信息网站、各中职学校就业信息网站及校园论坛求职版面、其他专业性就业网站等，还可以参加各类招聘和双向选择活动，包括国家有关部门、各地、学校、用人单位等相关机构组织的各类现场或网络招聘活动，也可以通过参与校企合作实习，查阅媒体广告等，获得就业机会。

除此之外，你还知道哪些就业途径呢？

任务目标

1. 了解中职生的就业途径。
2. 掌握利用就业途径获取工作的方法。

知识要点

1. 中职生的就业途径

（1）校内外实习

许多中职学校与企业建立了合作关系，为学生提供实习机会。实习不仅有助于学生积累工作经验，还可以成为他们进入职场的跳板。一些企业在实习期间或实习结束后，会直接录用表现优秀的学生。

（2）校园招聘

企业直接到学校进行招聘，这是中职生就业的主要途径之一。企业通过宣讲会、招聘会等形式，与学生面对面交流，选择合适的人才。中职生应积极参与此类活动，了解企业需求，展示自己的才能。

（3）招聘网站

随着互联网的普及，越来越多的企业选择在招聘网站上发布职位信息。中职生可以通过这些网站，如智联招聘、前程无忧等，寻找适合自己的工作。同时，这些网站也为学生提供了在线投递简历、跟踪求职进程等功能。

（4）人才市场

各地人才市场是中职生寻找工作的另一个重要场所。人才市场定期举办各类招聘会，为学生和企业提供了一个直接交流的平台。中职生可以通过人才市场了解最新的就业信息，寻找合适的工作机会。

（5）自主创业

在国家鼓励创新创业的大背景下，中职生也可以发挥自己的专业特长和创新能力，选择自主创业。政府和学校都为创业者提供了各种政策支持和培训课程，帮助中职生实现创业梦想。

（6）熟人推荐

中职毕业生可以通过家长和亲友、老师、校友的推荐实现就业。他们或拥有广泛的社会关系，或了解对口单位的人才需求信息，或拥有丰富的求职经验，他们的推荐无疑会大大提高中职生的求职成功率。

（7）政府就业指导中心

各级政府就业指导中心为学生提供了丰富的就业信息和专业的职业咨询服务。中心还会举办各类就业指导活动，帮助学生了解就业政策、提高求职技巧，更好地规划自己的职业生涯。

2. 如何利用这些途径来就业

（1）提升自我能力。不论是哪种就业途径，都需要中职生具备足够的专业能力和综合素质。因此，中职生在校期间，应努力学习专业知识，提升自我能力。同时，也要注重培养自己的沟通能力、团队协作能力、创新能力等综合素质。

（2）制定就业策略。面对多样的就业途径，中职生需要制定适合自己的就业策略。可以根据自己的兴趣、专业、能力等，确定就业目标和方向，选择适合的就业途径。

（3）积极投递简历。无论是参加现场招聘会还是网络招聘，都需要积极投递简历。在投递简历时，要注意简历的格式和内容，突出自己的优势和特长，增加被企业选中的机会。

（4）做好面试准备。如果简历被企业选中，接下来就是面试环节。中职生在面试前，要了解企业的背景和需求，准备好自我介绍和面试答案。在面试时，要保持自信和冷静，展示自己的能力和素质。

（5）拓宽人脉关系。就业不仅是投递简历和面试，还需要拓宽人脉关系。中职生可以通过参加社交活动、加入校友会等方式，结交更多的朋友和业内人士，了解自己的就业方向和机会。

任务要求

学生利用就业途径获取工作。在获取工作的过程中，他们会有倾向性地选择最合适、最高效，以及就业信息最全面的途径。学生联系本专业已经毕业的 30 名学生，调查了解他们就业时获取就业信息的主要途径，以及他们最终找到的工作是通过何种途径实现的。要求学生划分小组，合作完成此项调查任务，并形成调查报告，制作 PPT 进行分享。

任务分析

在互联网时代，就业途径较多，但也存在较多的就业陷阱。学生通过对毕业生进行调查，了解不同就业信息获取途径的可靠性，了解一些常见的就业陷阱，可以帮助他们积累就业信息，获取经验，为未来就业、择业打下良好基础。

任务准备

1. 划分小组。
2. 成员分工。
3. 获取毕业生联系方式。

任务实施

1. 对本专业 30 名毕业生的就业信息获取途径进行调查，记录调查结果，汇总调查信息，提炼调查结论。
2. 根据调查结论，撰写调查报告。
3. 根据调查报告，制作 PPT，进行分享。

总结评价

综合运用个人自我评价、小组评价、教师总结评价等方法，对学习资源的阅读情况、理论知识的学习情况、能力达成情况以及任务完成质量进行总结评价。

改善提升

对学习项目各个环节完成情况进行复盘，总结经验与不足，提出改进意见和措施，进一步完善学习汇报材料。

◎ 课后巩固

一、单项选择题

1. 下列哪一项描述的不是中职生的就业途径？（　　）

A. 校内外实习　　B. 校园招聘

C. 招聘网站　　D. 非法网站招聘

2. 文中讲到的获取就业途径的方法有几种？（　　）

A.5 种　　B.8 种

C.7 种　　D.4 种

二、多项选择题

1. 下列哪几项描述的是中职生的就业途径？（　　）

A. 政府就业指导中心　　B. 自主创业

C. 人才市场　　D. 校园招聘

2. 中职生如何制定就业策略？（　　）

A. 根据兴趣　　B. 根据能力

C. 根据自身条件　　D. 根据专业

3. 中职生面试前应做哪些准备？（　　）

A. 要了解企业的背景和需求　　B. 准备好自我介绍

C. 准备好面试答案　　D. 面试时要保持自信和冷静

三、判断题

1. 中职生就业的途径只有一种。（　　）

2. 中职生也可以发挥自己的专业特长和创新能力，选择自主创业。（　　）

3. 中职生面试时，要保持自信和冷静，展示自己的能力和素质。（　　）

4. 各级政府就业指导中心为学生提供了丰富的就业信息和专业的职业咨询服务。（　　）

5. 就业不仅是投递简历和面试，还需要拓宽人脉关系。（　　）

四、辨析题

有人说，亲戚朋友介绍的工作最靠谱；有人说，亲戚朋友介绍的工作最不靠谱。你支持哪种意见？说说你的看法。

五、案例分析题

张莉通过网络交友平台认识了袁某，袁某说自己的职业是飞行员，还做着茶叶生意，张莉对袁某产生了信任。袁某称自己的亲属在机场担任领导职务，主动询问张莉是否想到机场担任值机员的工作。张莉目前有稳定的工作，但想到自己的姐姐张芳还没有工作，就帮忙牵线搭桥，希望袁某能安排张芳到机场工作。

张芳先后支付给袁某24万元。其间，张芳收到过内容为“体检”及“入职”的邮件，还接到了“机场工作人员”打来的电话，讲解机场入职的流程及进行体检所需的材料。此外，袁某还让张芳去民航医院进行体检，但当她去医院后，袁某又以“负责值机员体检的带队领导不在”为由，让她等待下一次体检通知，并以“负责领导有事”为由，阻止张芳入职报到。张芳感觉自己可能被骗了，便不再按袁某的要求向其付款，并向公安机关报案。袁某被民警抓获归案。

这个案件给了你什么启示？想一想，在获取就业信息时，应该注意什么？

实践活动　调研：近年来本专业学生就业去向与工作情况

活动说明

就业是劳动者实现自我价值和自我发展的基本途径，是绝大多数人谋生的唯一手段，它直接关系人民群众的切身利益，关系千家万户。就业是劳动者实现自我价值和自我发展的基本途径。

对于职场新人而言，选择工作时是选择感兴趣的，还是选择某个行业的，这是很难的选择题，他们的选择在一定程度上决定了他们能否成功。其实，选择工作，行业很重要，兴趣也很重要，两者不应该完全分开，而是要用和谐发展的眼光对待。工作稳定后，自己的职业爱好也会得到发展。

本实践活动以畜禽生产技术专业为例，调查了专业学生就业去向与工作情况。

活动示范

畜禽生产技术专业学生的就业去向与工作情况

近年来，畜禽生产技术专业学生的就业去向与工作情况，呈现出以下几个特点。

1. 就业去向多样化

畜禽生产技术专业的学生毕业后，可以在多个领域找到就业机会。主要的就业方向包括畜禽养殖场、饲料厂、兽医院、畜产品加工企业等。在这些单位，学生可以从事生产、管理、技术服务等方面的工作。

2. 就业前景广阔

随着人们对食品安全和健康的重视程度不断提高，畜禽产业得到了快速发展。同时，国家对农业领域的支持力度也在加大，这为畜禽生产技术专业的学生提供了更多的就业机会。因此，该专业的就业前景十分广阔。

3. 实践经验和技能要求高

畜禽生产技术专业的学生在就业时，需要具备一定的实践经验和技能。因此，学生在校期间应积极参加实习、实践活动，积累实践经验，提高自己的动手能力。同时，还要具备扎实的专业知识和较强的动手能力，以适应工作需求。

4. 工作内容多样化

畜禽生产技术专业的学生就业，工作内容涵盖了畜禽养殖、繁殖、管理、疾病防治等多个方面。在养殖场工作，需要具备扎实的畜禽饲养、管理技能；在兽医站工作，需要掌握动物疾病的诊断、治疗技能；在饲料厂工作需要了解饲料的配方、生产工艺；在畜产品加工企业工作，需要掌握畜产品加工、质量控制技能等。

总的来说，近年来，畜禽生产技术专业学生的就业去向与工作情况呈现出多样化、广阔化、实践化和技能化的特点。对于有志于从事畜禽产业的学生而言，这是一个充满挑战和机遇的领域。

畜禽生产技术专业作为农业领域的重要分支，其毕业生在就业市场上通常能够享受到相对稳定的薪酬待遇。以下是关于畜禽生产技术专业学生薪酬待遇的详细分析，涵盖了基本工资、绩效奖金、津贴补贴、福利待遇、加班工资、奖金奖励以及其他福利等方面。

1. 基本工资

畜禽生产技术专业学生的基本工资，通常根据所在地区、企业规模以及个人经验等因素而定。在大中城市，规模较大的畜禽养殖或相关企业往往会提供更具竞争力的基本工资水平。对于初入职场的新人，基本工资通常在中等水平，但随着经验和技能的提升，基本工资会有所增长。

2. 绩效工资

许多畜禽养殖或相关企业会设立绩效工资，以激励员工更好地完成工作任务。绩效工资的发放，通常与个人的工作表现、企业的整体业绩以及市场行情等因素挂钩。在表现优秀的情况下，绩效工资有可能显著提高个人总收入。

3. 津贴补贴

畜禽生产技术专业学生还可能享受到各类津贴补贴。如交通补贴、通信补贴、餐补等。这些补贴的发放标准和形式因企业而异，但总体而言，它们构成了员工薪酬待遇的重要组成部分。

4. 福利待遇

在福利待遇方面，畜禽生产技术专业的学生可以享受到社会保险（包括养老保险、医疗保险、失业保险、工伤保险、生育保险）以及住房公积金等福利。此外，一些企业还可能提供员工宿舍、定期体检等额外福利。

5. 加班工资

对于需要在非工作时间加班的畜禽生产技术专业学生而言，加班工资也是其薪酬待遇的重要组成部分。加班工资的计算方式和标准，通常遵循国家法律法规和企业的相关规定。

6. 奖金奖励

一些企业可能设立奖金奖励项目，如年终奖、季度奖、安全奖等。这些奖金的发放标准和形式因企业而异，但通常与个人的工作表现和企业整体业绩密切相关。

其中，年终奖金是许多畜禽养殖或相关企业为员工发放的重要福利之一。年终奖金的发放标准和金额，通常取决于企业的整体业绩、个人的工作表现以及市场行情等因素。年终奖金的发放形式多种多样，可能是现金、实物或其他形式的奖励。

7. 其他福利

除了上述福利外，畜禽生产技术专业的学生还可能享受到其他一些特殊福利。例如，一些企业可能提供培训和发展机会，帮助员工提升专业技能和职业素养。此外，一些企业还可能提供节日福利、生日礼物、员工活动等福利项目，以增强员工的归属感和工作满意度。

总体而言，畜禽生产技术专业学生的薪酬待遇相对较好，包括基本工资、绩效工资、津贴补贴、福利待遇、加班工资、奖金奖励以及其他福利等多个方面。然而，具体的薪酬待遇水平仍然受到地区、企业规模和个人经验等因素的影响。因此，建议学生在选择就业单位时，要充分了解企业的薪酬待遇水平和发展前景，以便做出更明智的职业选择。

■ 任务三　就业能力

学习项目　了解本专业中职生就业能力结构

任务导入

就业能力是现代社会中必备的基本能力，包括专业知识、沟通能力、团队合作、自我管理、创新能力和领导能力等方面。

在当今竞争激烈的社会环境中，就业能力已成为个人成功和职业发展中的关键因素。具备强大的就业能力不仅可以帮助个人在求职过程中脱颖而出，还可以使个人在职场中持续进步，实现个人价值。

因此，中职生应在校期间就有意识地培养与发展自身的就业能力，厚积薄发，增知博识，待到就业季来临之时，给予自己更多的机会与选择。

那么，你知道就业能力由哪几个方面组成吗？如何提升自身的就业能力呢？

任务目标

1. 掌握就业能力的概念。
2. 了解就业能力的结构。
3. 了解提升就业能力的途径。

知识要点

1. 就业能力的概念

就业能力是指一个人在就业过程中所需要具备的一系列能力和素质。它是面对现代职业市场的要求，能够胜任工作任务并取得良好工作绩效的能力表现。就业能力主要包括专业技术能力，还涉及沟通能力、团队合作能力、问题解决能力、创新能力等多方面的综合素质。

2. 就业能力的结构

（1）专业技能。无论在哪个行业或领域，专业技能都是个人在职场中获得成功的基础。专业技能不仅包括特定的知识和技能，还包括对行业趋势的理解和判断。

（2）沟通与协作能力。在团队合作日益重要的今天，良好的沟通与协作能力成为不可或缺的要素。有效的沟通能够帮助团队成员相互理解，共同解决问题。协作，则强调在团队中的配合和共同成长。

（3）自我管理能力。在快速变化的工作环境中，自我管理能力尤为重要。这包括时间管理、情绪管理、自我激励等多个方面，能帮助个人更好地应对工作压力和挑战。

（4）问题解决能力。问题解决能力是指在遇到问题时，迅速、准确地识别问题、分析原因，并采取有效措施解决问题的能力。这种能力在工作中尤为重要。

（5）学习能力。随着科技的快速发展和行业的不断变革，学习能力成为个人在职场中持续发展的关键。只有不断学习，才能跟上时代的步伐，不断提升自己的价值。

（6）情绪管理能力。工作中的压力和挑战常常使个人情绪受到影响。情绪管理能力强调个体能够调节自己的情绪，保持积极的心态和态度。

（7）创新思维。创新是推动组织和个体发展的核心动力。具备创新思维的人能发现并利用新的机会，提出新颖的解决方案。

（8）适应性。适应能力是指个体能适应不断变化的工作环境和任务需求的能力。一个具备高度适应性的个体能更快地适应新环境和新挑战。

（9）道德与责任心。无论在工作中还是生活中，道德与责任心都是个体的基石。具备高度的道德观念和责任心的人更值得信任，也更能在工作中承担责任。

3. 提升就业能力的途径

（1）注重专业学习。加强对专业知识的学习，通过参加课程学习、实习和实践活动等方式，提高专业能力。

（2）积极参与实践。参加实习、实训、校外调研等实践活动，通过实际操作和实践经验的积累提高实践能力。

（3）培养沟通技巧。提高口头和书面表达能力，注重倾听和理解他人，提高社交能力。

（4）发展团队合作意识。积极参与团队项目，学会协调、沟通和合作，培养团队合作精神。

（5）不断学习和创新。保持学习的态度，关注行业动态，不断更新知识和提高技能，培养解决问题的能力和创新思维。

任务要求

结合所学的知识，分析本专业的从业人员应具备的就业能力是什么。根据就业能力的结构组成，具象化明确就业能力，并谈一谈自己的看法。要求每个小组合作完成专业就业能力调查报告，制作 PPT，进行分享。

任务分析

不同专业、不同岗位对就业能力的要求存在差异。对本专业的就业能力进行调查，可以帮助学生全面地认识专业相关的产业从业要求，明确未来的发展与成长方向。

任务准备

1. 划分小组。
2. 成员分工。
3. 下载资料。

任务实施

1. 确定本专业的能力结构。
2. 具象化本专业的就业能力。
3. 撰写本专业就业能力结构调查报告。
4. 根据调查报告，制作 PPT，进行分享。

总结评价

综合运用个人自我评价、小组评价、教师总结评价等方法，对学习资源的阅读情况、理论知识的学习情况、能力达成情况以及任务完成质量进行总结评价。

改善提升

对学习项目各个环节完成情况进行复盘，总结经验与不足，提出改进意见和措施，进一步完善学习汇报材料。

◎ 课后巩固

一、单项选择题

1. 下列哪一项描述的是就业能力的概念？（　　）

A. 就业能力是指发现并利用新的机会，提出新颖的解决方案

B. 就业能力是指一个人在就业过程中所需要具备的一系列能力和素质

C. 就业能力是指个人在职场中依靠专业技能获得成功的基础

D. 就业能力是指不断学习和创新

2. 下列哪一项描述的不是提高就业能力的途径？（　　）

A. 发展团队合作意识　　B. 注重专业学习，积极参与实践

C. 培养沟通技巧　　D. 拥有较强的道德与责任心

3. 在遇到问题时，能够迅速、准确地识别问题、分析原因，并采取有效措施解决问题，属于哪种能力？（　　）

A. 情绪管理能力　　B. 问题解决能力

C. 自我管理能力　　D. 学习能力

二、多项选择题

1. 提升就业能力的途径有（　　）。

A. 注重专业学习　　B. 积极参与实践

C. 培养沟通技巧，发展团队合作意识　　D. 不断学习和创新

2. 就业能力的结构有哪些？（　　）

A. 专业技能、学习能力　　B. 情绪管理能力

C. 创新思维、适应性、道德与责任心　　D. 沟通与协作能力

3. 如何提高专业能力？（　　）

A. 参加课程学习　　B. 参加实习和实践活动

C. 积极参与团队项目　　D. 保持学习的态度

三、判断题

1. 问题解决能力是指在遇到问题时，迅速、准确地识别问题、分析原因，并采取有效措施解决问题的能力。（　　）

2. 情绪管理能力强调个体能够调节自己的情绪，保持积极的心态和态度。（　　）

3. 提高口头和书面表达能力，注重倾听和理解他人，不利于提升社交能力。（　　）

4. 一个具备高度适应性的个体能够更快地适应新环境和新挑战。（　　）

5. 专业技能仅包括特定的知识和技能。（　　）

四、辨析题

说一说，在职场中，智商和情商哪个更重要？

五、案例分析题

成年人经常面临各种挑战和压力，因此，掌握情绪管理技巧非常重要。自我管理使我们能够更好地处理紧张和焦虑情绪。当小明在工作中遇到一系列紧急任务时，他意识到过度担忧只会浪费时间和精力。因此，他学会了有意专注于解决问题，不让压力影响自己的表现。这种情绪管理的能力使小明在高压环境中保持从容，并最终按时完成任务。

谈一谈，你有哪些管理时间、管理情绪的好方法？

实践活动　演说展示：我的就业能力提升计划

活动说明

中职生应争取全面发展自己，认清就业形势；从自身出发，调整好心态，积极应对；完善自我，做好就业准备；调整自己的就业期望值，努力提高个人的就业竞争力。

就业能力的形成不仅需要以明确可行的目标为指引，还需要持之以恒的努力与付出。这就需要中职生根据自身的实际情况，提前做好就业能力提升计划，做到有目标、有计划、有步骤地全面提升自己，为获得一个优质的就业岗位做准备。

演说稿范文

我的就业能力提升计划

尊敬的各位听众：

大家好！

“未来不是属于那些做好准备的人，而是属于那些不断学习和提升的人。”在这个飞速发展的时代，我们每个人都站在了就业的十字路口，面临着前所未有的挑战与机遇。那么，如何在激烈的竞争中脱颖而出，成为职场上的佼佼者？这就是我的演讲主题——我的就业能力提升计划。

首先，我们要明确一个事实：就业市场在不断变化，而唯一不变的就是变化本身。因此，我们必须具备快速适应新环境、新挑战的能力。我的第一步计划就是持续学习，不仅深入学习本专业的知识，还要关注跨学科的前沿动态，让自己成为一个知识渊博、技能全面的复合型人才。

其次，我深知实践能力的重要性。“纸上得来终觉浅，绝知此事要躬行。”我计划通过实习、参与项目实践等方式，将理论知识转化为实际操作能力，提升自己的问题解决能力和团队协作能力。同时，我也会积极参加各类竞赛和活动，锻炼自己的应变能力和创新思维。

再次，我深知职场竞争不仅是技能的比拼，更是人格魅力的较量。因此，我会注重培养自己的人际交往能力、领导力和责任感。我相信，一个懂得合作、善于沟通、勇于担当的人，无论在哪里都会受到欢迎。

正如古人所说：“学如逆水行舟，不进则退。”我们不能因为一时的成就而沾沾自喜，也不能因为短暂的挫折而一蹶不振。我坚信，只要我们保持对知识的渴望、对技能的追求、对进步的执着，就一定能在职场上站稳脚跟，实现自己的价值。

最后，我想用一句话结束我的演讲："机会总是留给有准备的人。"让我们从现在开始，制订自己的就业能力提升计划，不断提升自己，迎接未来的挑战。谢谢大家！

任务四　就业待遇

学习项目　了解本专业就业待遇情况

任务导入

某职场社交平台针对年轻人的第一份工作展开调研。调研发现，年轻人其实很在意工资，他们选择第一份工作时最看重的因素是薪资水平，此项占比达到44%，位列第二的企业文化占比为37%，工作内容本身则排在了最后，只占19%；然而，1/3的被调研者第一份工作的薪资远低于预期。

当被问到"是否愿意接受一份薪资水平较低，但工作本身很有意义的工作"时，超过七成的年轻人给出了否定的答案。他们认为薪资水平是衡量自身价值的重要标准。

那么，你了解薪资结构吗？了解所在专业的就业待遇情况吗？

任务目标

1. 掌握薪资结构。
2. 了解福利待遇组成。

知识要点

1. 薪资结构

（1）基本工资。这部分工资是根据岗位等级和工龄等因素确定的，一般包括岗位工资和薪级工资。岗位工资是固定的，而薪级工资则根据员工的资历和等级来定。

（2）绩效工资。绩效工资是根据员工的工作表现和绩效评估来确定的。它通常包括基础绩效和年终绩效两个部分。基础绩效按月发放，而年终绩效则根据考核结果在年底发放，具有一定的浮动性。

（3）补贴津贴。这部分工资是根据工作性质和艰苦程度来确定的，包括各种形式的补贴。

（4）其他福利。这可能包括加班加点工资、特殊情况下支付的工资、婚假、丧假、探亲假、病假等假期期间的工资，以及法律法规规定的劳动者福利待遇等。

2. 福利待遇组成

（1）社会保障

养老保险、医疗保险、失业保险、工伤保险、生育保险被称为“五险”，是国家规定的各类企业必须为员工提供的社会保险福利。除员工月工资外，企业为这部分保险大约支付相当于工资额的 10% ～ 20%，有些效益较好的企业还为员工提供了牙医保险、家庭财产险、重大伤残保险等。部分有海外雇员的公司还在聘用合同中承诺为这些雇员的配偶、未成年子女提供医疗、伤残等各类保险。

（2）住房公积金

住房公积金即通常所说“五险一金”中的“一金”，是指国家机关、国有企业、城镇集体企业、外商投资企业、城镇私营企业及其他城镇企业、事业单位为其在职职工缴存的长期住房储金。

住房公积金由两部分组成，一部分由职工所在单位缴存，另一部分由职工个人缴存。职工个人缴存部分由单位代扣后，连同单位缴存部分一并缴存到住房公积金个人账户内。职工和单位住房公积金的缴存比例均不得低于职工上一年度月平均工资的5%，但不同的城市缴存比例有所不同。

（3）交通费

交通费，主要指企业为员工上下班提供交通福利，主要包括这几种：企业提供交通工具接送员工上下班；企业按内部规定为员工报销上下班交通费；企业每月发放一定数额的交通补助费。

（4）工作午餐

工作午餐，主要指企业为员工提供的免费或低价午餐。有的企业虽然不直接提供工作午餐，但提供一定数额的工作午餐补助费。

（5）有偿假期

有偿假期是指员工不来上班，仍可取得收入的福利项目。主要包括以下几种。

①产假、病（工伤）假、事假、探亲假、婚假、丧假等国家法定员工依法取得缺勤收入的福利待遇。

②公休。员工根据企业的规章制度，经上级领导同意，一年中可以享有若干天的有薪假期。企业一般根据种种条件，规定员工每年有五天至十五天的公休假期。

③法定节假日。法定节假日是由国家法律法规统一规定的用以开展纪念、庆祝活动的休息时间，也是劳动者休息时间的一种。有些企业还根据自己的实际情况设定了一些节假日，如厂（司）庆日等。

（6）培训

随着企业对优秀人才和合格员工的需求不断增加，不少企业已明确提出“培训是员工最大福利”，不断加大对员工培训的投入。相信企业在未来若干年的发展历程中，必将越来越重视培训的投入和产出。

任务要求

分组对本专业已经毕业的30名学生进行调查，了解他们目前的薪资水平，主要包括基本工资、绩效工资、补贴津贴；了解他们所从事工作的福利待遇，主要包括社会保险、住房公积金、交通费、工作午餐、有偿假期和培训等。详细记录调查结果数据，撰写调查报告，并根据调查报告制作PPT，进行分享。

任务分析

薪资水平、福利待遇是毕业生择业就业时最关注的要素之一。学生对本专业毕业生的薪资水平、福利待遇进行调查，可以帮助自己了解本专业就业前景。对毕业生薪酬与福利进行调查的同时，也可以了解自己的工作内容、状态、劳动强度等情况，可以帮助自己明确未来的发展方向。

任务准备

1. 划分小组。
2. 成员分工。
3. 确定调查问题。
4. 制作调查模板。

任务实施

1. 获取本专业30名毕业生的联系方式。

2. 进行薪资水平和福利待遇调查，记录调查结果。

3. 对调查结果进行分析，撰写调查报告。

4. 根据调查报告，制作 PPT，进行分享。

总结评价

综合运用个人自我评价、小组评价、教师总结评价等方法，对学习资源的阅读情况、理论知识的学习情况、能力达成情况以及任务完成质量进行总结评价。

改善提升

对学习项目各个环节完成情况进行复盘，总结经验与不足，提出改进意见和措施，进一步完善学习汇报材料。

◎ 课后巩固

一、单项选择题

1. 下列薪资组成部分描述错误的一项是（　　）。

A. 基本工资　　B. 公积金

C. 补贴津贴　　D. 绩效工资

2. 基本工资包括（　　）。

A. 岗位工资和薪级工资　　B. 交通费

C. 工作餐补助　　D. 绩效工资

3. 通常所说“五险一金”中的“一金”指的是（　　）。

A. 职业年金　　B. 退休金

C. 公积金　　D. 失业保险金

二、多项选择题

1. 下列哪几项属于福利待遇？（　　）

A. 社会保障　　B. 住房公积金

C. 有偿假期　　D. 交通费

2. 社会保障包括哪几种？（　　　　）

A. 养老保险　　　　　　　　　　B. 医疗保险

C. 失业保险　　　　　　　　　　D. 工伤保险、生育保险

3. 有偿假期包括哪些？（　　　　）

A. 产假、病（工伤）假、事假、探亲假、婚假、丧假

B. 公休

C. 法定节假日

D. 培训

三、判断题

1. 养老保险、医疗保险、失业保险、工伤保险、生育保险被称为“五险”，是我国劳动部门规定各类企业必须为员工提供的社会保险福利。（　　）

2. 随着企业对优秀人才和合格员工的需求不断增长，不少企业已明确提出员工不需要培训。（　　）

四、辨析题

针对目前越来越多的年轻人选择从事外卖和快递行业，说一说你的看法。

五、案例分析题

受多种因素影响，大多数年轻人的工资都不高。微薄的工资要用于付房租、吃饭、社交等，一个月下来所剩无几。在这样的情况下，很多年轻人都不愿意再支出一部分钱去缴纳社保。基于此，部分企业与员工达成协议：员工如果不缴纳社保，每个月可以多领取几百块钱的补贴。这是实打实的可以拿到手里的钱，对于缺钱的年轻人而言，很是心动。他们毫不犹豫地领取了这份补贴，并认为等以后自己年纪大点的时候、薪资高点的时候再缴纳社保会更好。

你认为，这种做法对吗？

实践活动　资料整理：本专业的就业待遇情况

活动说明

一个人的就业状况直接决定了他的收入水平，而收入水平又对个人的生活质量和未来的发展产生着深远的影响。另一方面，一个人的薪酬水平也影响着他的就业选择。

本实践活动以财会专业为例，分析了本专业的就业待遇情况。

活动示范

财务人员的就业待遇情况

随着经济的发展和企业竞争的加剧，财务人员在企业管理中的地位逐渐提升。薪酬作为吸引和留住人才的重要手段，对激励和稳定人才至关重要。本次调查旨在了解当前财务人员的薪酬状况，分析薪酬水平与结构，为财会专业毕业生择业及商定薪酬待遇等提供参考依据。

1. 薪酬水平分析

调查数据显示，财务人员的薪酬水平与其职位、工作经验、技能水平等因素密切相关。在同等条件下，大型企业和一线城市的财务人员薪酬水平普遍较高。同时，随着数字化和智能化的发展，具备新兴技能的财务人员的薪酬水平也相应地有所提高。

2. 薪酬结构研究

财务人员的薪酬结构，一般由基本工资、奖金、津贴等组成。基本工资是薪酬的核心部分，而奖金和津贴则根据企业绩效、个人表现等因素进行调整。调查发现，合理的薪酬结构能够有效激励财务人员积极投入工作，提高工作效率。

3. 福利与奖金状况

除了基本工资外，福利和奖金也是财务人员薪酬的重要组成部分。调查数据显示，大多数企业为财务人员提供了丰富的福利和奖金，如医疗保险、退休金、年终奖等。这些福利和奖金不仅增强了财务人员的归属感，也提高了他们的工作满意度。

4. 行业对比分析

不同行业的财务人员，薪酬水平存在一定差异。调查对比了多个行业的财务人员薪酬数据，发现金融行业、互联网行业等高新技术行业的财务人员薪酬水平普遍较高。这与企业规模、发展前景、行业竞争等因素有关。

5. 影响因素分析

影响财务人员薪酬的因素众多，包括企业规模、个人能力、市场需求等。调查发现，大型企业往往能提供更高的薪酬水平，而具备专业技能和新兴技能的财务人员也更容易获得高薪。此外，市场需求的变化也会对财务人员的薪酬产生影响。

结论与建议

综上所述，财务人员的薪酬水平与其职位、工作经验、技能水平等因素密切相关，同时也受到行业、地区等因素的影响。为了毕业后就业能获得理想的薪酬，财会专业的学生应认真学习专业知识，努力提升专业技能，积极参加实习和社会实践，积累相关工作经验。另外，财会专业毕业生在择业时，可以选择为员工提供专业培训的企业，在工作中进一步学习并提高自己的专业技能；还应关注行业动态，不断学习新知识，掌握新兴技能。此外，还应考虑地区差异和行业差异对财务人员薪酬的影响，制定更加灵活和具有竞争力的择业就业策略。

任务五 就业信息搜集

学习项目 搜集本专业就业信息

任务导入

在就业之前，中职生会利用多种途径搜集就业信息。大量的就业信息是成功就业的重要前提。在广泛搜集信息的基础上，一定要结合自己的实际情况，依据国家相关政策、法规对信息进行去伪存真、去粗存精的加工，有目的、有针对性地对就业信息进行排列、整理和分析，这也是毕业生找到理想工作单位的重要环节。

互联网时代，就业信息时效性强、数量大、类别多、范围广，如何从让人眼花缭乱的信息中提炼出有价值的信息呢？

任务目标

1. 了解就业信息的分类。
2. 掌握就业信息的搜集方法。
3. 掌握就业信息的整理方法。

知识要点

1. 就业信息的分类

（1）社会需求信息

社会需求信息即用人单位在人才的专业、学历层次、个人能力和人数等方面的需求信息。社会需求信息是就业信息中的主体，它直接影响着毕业生能否找到自己满意的工作，也对毕业生就业落实情况有很大的影响。因此，社会需求信息历来受到学校、毕业生和家长的广泛关注。

需要注意的是，社会需求信息具有明显的分阶段性特点。中职毕业生就业工作的启动时间一般是在每年的 11 月 20 日左右。一些国内外知名高新技术企业和三资企业因用人机制灵活，招选毕业生的工作启动较早，所以，在 11 月下旬到当年年底的一段时间里，这类单位的需求信息较多。次年的 1 月至 4 月，中职毕业用人单位的双向选择活动达到高潮，各地的供需见面会、双选会也频繁召开，各种类型单位的需求信息量也到达顶峰。有时，一所中职学校一天内就可以收到几十家单位的数百条信息。其中，尤以机关、事业单位和国有大中型企业的需求信息为主。进入 5 月份后，大部分毕业生已与用人单位签订了就业协议或达成意向，所以，此时的需求信息数量大为减少。

（2）就业形势信息

就业形势信息即中央和地方有关部门（特别是毕业生就业主管部门）发布的毕业生就业人数、供需比、签约率、待就业率等统计性的数据，以及就业环境的变化、相关专业毕业生的就业状况、就业趋势预测等信息。了解和掌握这些信息，对中职生正确判断当前就业形势、构建合理的就业期望是非常重要的。教育部、各省毕业生就业主管部门和各种媒体一般会在 9 月至 12 月公布当年全国和地方以及部分中职学校毕业生的就业情况。收集这些信息，对于进行就业准备的中职生而言，是非常必要的。

（3）就业指导信息

就业指导信息，包括普遍的就业指导理论、技巧、方法，以及职业指导专家或机构对就业共同性问题发表的咨询、评论和建议等方面的信息，也包括学校安排的一部分就业指导方面的信息。这些信息对职校生准确把握就业形势及掌握就业技巧具有重要的意义。

2. 就业信息搜集的方法

（1）网上搜集。利用搜索引擎、招聘网站、社交媒体等途径查找相关信息，还可以通过学校、校友群、求职论坛等获取最新就业信息。

（2）查阅报刊。通过阅读各类报纸、专业杂志等获取就业信息，这些信息一般比较集中，方便查阅。

（3）参加招聘会。参加各类招聘会，与招聘人员面对面交流，了解企业招聘需求和获取相关就业信息。

（4）亲友推荐。通过亲朋好友、老师等推荐工作机会，这种信息一般比较可靠，可以优先考虑。

（5）从人才中介机构获取。通过人才中介机构获取就业信息，这些机构会提供一定的职业咨询和推荐服务。

（6）实习了解。通过实习机会了解企业工作环境和文化，提高自身能力，为未来就业打下基础。

3. 就业信息分析整理的方法

（1）善于挖掘

求职者现在得到的就业信息往往是简明扼要的、有限的文字，并不包含他们想深入了解的细节。所以，求职者要详细了解信息的内涵，包括用人单位的性质、规模、发展前景、地理环境、经营范围种类、所需人才的具体要求、岗位对应聘者的专业知识和能力的要求，以及用人单位的福利待遇（如工资、奖金、住房）等。以上内容可以通过上网搜索、查阅书籍，也可以通过自己的社会关系等多种途径去了解，还可以针对具体的职位做进一步调查。在实践中有些毕业生往往只看准各方面条件都比较好的大公司、大企业，对其他信息不重视，结果人为地缩小了自己的选择范围，使更多的就业机会悄悄地与自己擦肩而过。其实，对用人单位了解得越多、越细，就越能帮助自己坚定决心和增强信心，也越能为将来面试脱颖而出做好准备，可谓一举两得。

（2）正确选择

求职的成功很大程度上取决于对就业信息如何进行选择。首先，必须能在较短的时间里查阅大量的就业信息并对其内容进行更进一步的分析，以便更有效地发现最有用、最适合自己的就业信息。其次，要鉴别、判断，善于识别信息的准确性、有效性和可行性。特别是如果没有发现自己想要知道的信息，或有些信息不清楚时，要抓紧时间进行一番实际考察，这样才能在求职就业时科学、客观地择己所需、择己所长、择己所爱。

任务要求

分组对本专业已经毕业的30名学生进行调查，了解他们的就业行业、就业地区、就业单位、工作岗位、薪酬待遇、职业发展等情况。撰写本专业就业情况调查报告。调查报告应实事求是，图文并茂，并制作PPT，进行分享。

任务分析

本专业就业信息搜集、整理与分析，可以帮助学生全面了解本专业学生的就业情况，帮助学生提前了解就业前景，对自己未来的职业发展有一个大体的规划。对毕业生进行调查时，可以灵活地运用微信、QQ、电话以及电子邮件等多种联系方式，提前明确调查内容，详细记录调查结果。

任务准备

1. 划分小组。
2. 成员分工。
3. 与毕业生取得联系。

任务实施

1. 联系毕业生，进行就业情况调查。
2. 汇总调查结果，对调查结果进行分析。
3. 撰写本专业就业信息调查报告。
4. 根据调查报告，制作 PPT，进行分享。

总结评价

综合运用个人自我评价、小组评价、教师总结评价等方法，对学习资源的阅读情况、理论知识的学习情况、能力达成情况以及任务完成质量进行总结评价。

改善提升

对学习项目各个环节完成情况进行复盘，总结经验与不足，提出改进意见和措施，进一步完善学习汇报材料。

◎ 课后巩固

一、单项选择题

1. 就业信息有几类？（　　）

A.2 类　　B.5 类

C.3 类　　D.6 类

2. 下列哪一项属于就业信息搜集的方法？（　　）

A. 参加招聘会　　B. 社会需求信息搜集

C. 就业指导信息搜集　　D. 电脑搜集

3. 下列哪一项属于就业信息分析整理的方法？（　　）

A. 善于挖掘，正确选择　　B. 网上搜集

C. 报刊搜集　　D. 亲友推荐

二、多项选择题

1. 就业指导信息包括（　　）。

A. 就业指导理论、技巧、方法

B. 职业指导专家或机构对就业共同性问题发表的咨询、评论和建议等方面的信息

C. 学校安排的一部分就业指导方面的信息

D. 自主实习总结的经验

2. 网上搜集就业信息的方法有（　　）。

A. 利用搜索引擎、招聘网站进行搜集

B. 利用社交媒体等途径查找相关信息

C. 通过校友群、求职论坛搜集信息

D. 与校领导、老师沟通获取信息

三、判断题

1. 社会需求信息，即用人单位在人才的专业、学历层次、个人能力和人数等方面的需求信息。（　　）

2. 毕业生可以利用搜索引擎、招聘网站、社交媒体等途径查找相关信息，还可以通过校友群、求职论坛等获取最新就业信息。（　　）

3. 学生通过实习，可以了解企业的工作环境和文化，提高自身能力，为未来就业打下基础。（　　）

四、辨析题

说一说，毕业找工作一定要专业对口吗?

五、案例分析题

小雅是电子专业的毕业生，因为不喜欢这个专业，心理上很排斥，学习只为应付考试，对专业的认知很差。毕业后，她虽然在一个大集团从事与专业对口的工作，但因为没有兴趣，就缴纳了3000元违约金辞了职。辞职后，她又做了ERP（企业资源计划）项目跟进，负责数据准备，以及传感器、控制器等，但还是没能找到自己的兴趣特长，更没找到适合自己发展的职业方向。她生活得很盲目，总是在逃避现实。后来，她去寻求职业顾问的帮助。职业顾问在测评中发现，她的文采很好，而且喜欢相关工作，于是建议她从事电子仪器类

编辑工作。按照这个方向，一周后，她就成功应聘到了一家出版社，从事编辑方面的工作，而且得心应手。她说："现在开始接触选题报告，下周起要做个简单的项目，我们领导有意培养我，给我半年时间打基础。"而她的转行，也初见成效。

你认为小雅的就业选择正确吗？小雅的就业选择给了你哪些启示？

实践活动　辩论：学历与能力哪个更重要

活动说明

学历，通常是指一个人在教育机构接受教育的经历和所获得的学位或证书。能力，是指个体完成特定任务或达成某种目标所具备的素质和技能。学历可以为个体提供基本的知识和技能，但能力的培养更多依赖于实践经验和个体的努力。学历和能力在职业发展中哪个起着更重要作用，人们争论不休。那么，就让我们展开一场"学历与能力哪个更重要"的辩论赛吧！

请同学们参照前面实践活动中的辩论赛的组织，自主筹划一次辩论赛。

任务六　就业方案

学习项目　就业方案的基本结构与设计

任务导入

中职生憧憬着美好的毕业生活，期待着自己能够走向心仪的工作岗位，开启一段新的人生旅途。

中职生在就业前，除了要掌握扎实的专业知识与技能，还应制订详细的就业方案，为就业做好充分的准备。

就业方案为中职生学习知识、培养技能指明了方向。就业方案中的每一个目标的实现，都预示着中职生的职业发展向前迈进一步。

那么，就业方案中主要包括哪些要素呢？如何制订并实施一份就业方案呢？中职生应在读书期间就志存高远，向着自身设定的方案，向着自己心仪的工作岗位坚持不懈地努力。

任务目标

1. 了解就业方案的基本结构。
2. 了解就业方案的设计流程。

知识要点

1. 就业方案的基本结构

（1）方案目标

在制订就业方案时，首先需要明确方案的目标。这些目标要具体、可衡量和可实现，并且与个人的兴趣、能力和市场需求相匹配。方案目标可以是长期的或短期的。例如，在一定时间内找到一份与个人兴趣和能力相匹配的工作，或者提高个人的职业技能水平和增加工作经验，以便在未来更好地就业。

（2）行业分析

行业分析是就业方案中的重要环节，可以帮助个人了解不同行业的就业市场和趋势。通过行业分析，个人可以了解行业的发展状况、市场需求、竞争情况以及未来发展趋势等信息，从而更好地选择适合自己的行业和职业。

（3）职业定位

职业定位是根据个人的兴趣、能力和市场需求来确定适合自己的职业方向。在职业定位时，需要考虑自己的专业技能、工作经验、教育背景以及行业发展趋势等因素，从而选择适合自己的职业领域和岗位。

（4）培训计划

培训计划是为了提高个人的职业技能和经验而制订的计划。根据职业定位和市场需求，个人可以选择适合自己的培训课程和学习方式。例如，在线课程、培训班、实习等。通过培训，个人可以提高自己的专业技能和综合素质，增强竞争力，提高就业成功率。

（5）求职策略

求职策略是申请职位的计划，包括申请渠道、简历编写、面试技巧等方面。个人可以通过招聘网站、社交媒体等渠道寻找符合职业定位的职位，同时编写优秀的简历和求职信，提高自己的曝光度。在面试中，个人需要展现自己的专业素养和综合素质，掌握面试技巧，提高自己的竞争力。

（6）就业服务

就业服务是为个人提供的一系列服务，包括职业咨询、招聘信息发布、招聘会组织等。通过就业服务，个人可以获得更多的就业机会和职业发展资源，提高自己的就业成功率。

（7）后续支持

后续支持是为了帮助个人适应新的工作环境而制订的计划，包括工作指导、技能更新等方面。在新工作中，个人可能会面临一些新的挑战和问题，需要一定的指导和支持。通过后续支持，个人可以更好地适应新的工作环境，提高工作绩效和职业发展水平。

2. 就业方案的设计

（1）明确目标

在设计就业方案时，首先需要明确自己的职业目标。了解自己想要从事的行业、职位和公司类型，以及个人兴趣和能力所在。只有目标明确，才能更好地制订实现目标的计划和策略。

（2）市场调研

市场调研是制订就业方案的关键步骤。了解行业趋势、市场需求、竞争情况等信息，有助于更好地定位自己的职业方向和制订职业发展计划。同时，市场调研也有助于了解企业招聘的偏好和要求，更好地准备应聘材料和提升自身竞争力。

（3）技能匹配

在选择就业方案时，需要根据自己的职业目标进行技能匹配。了解目标职位所需的技能和要求，然后针对性地学习和提升相关技能。同时，也需要关注行业的发展趋势，不断更新自己的技能储备，以适应市场的变化。

（4）经验累积

经验积累是提升就业竞争力的关键因素。通过实习、兼职、参与项目等方式积累实际工作经验，可以更好地展示自己的能力和价值。同时，也需要关注行业内的实习机会和项目，积极参与其中，以提升自己的实践经验和综合素质。

（5）简历优化

简历是求职过程中最重要的材料之一，因此需要进行充分的优化。根据目标职位的要求和招聘方的偏好，编写有针对性的简历，突出自己的能力和优势。同时，需要注意简历的格式、排版和语言表达方式，以提升简历的质量和可读性。

（6）面试技巧

面试是求职过程中最重要的环节之一，因此需要充分准备。了解面试的流程和形式，掌握常见的面试问题及回答技巧。同时，需要注意自己的仪表仪态、表达能力和思辨能力，以提升面试的表现和印象。此外，还需要了解公司的背景和文化，以更好地融入企业文化和团队氛围。

（7）网络资源

网络资源是获取就业信息和求职机会的重要途径。通过招聘网站、社交媒体等渠道获取招聘信息和招聘方的联系方式，积极投递简历并跟进面试结果。同时，还可以通过行业论坛、社交群等渠道拓展人脉关系，获取更多的内推机会和招聘信息。

（8）人脉拓展

人脉拓展是获取就业机会和促进职业发展的重要途径。通过参加行业活动、社交聚会等方式拓展人脉关系，与同行建立良好的联系和互动。同时，也可以通过人脉关系获取更多的内推机会和招聘信息，增加自己的职业发展机会。在人脉拓展中，需要注意人脉的质量和双方的利益关系，避免盲目。

任务要求

结合自身的专业特色与就业意愿，撰写就业方案。就业方案应包括目标岗位、行业特点、自身定位、职业发展、薪酬待遇要求等。每位学生要对就业方案进行深入的研讨与分析，确保方案的可行性。每个小组推选出一个最佳就业方案，在班级内进行分享。

任务分析

就业方案的撰写不仅要求学生对自身的情况有全面、客观的了解，还要求学生对就业行业有较为清醒的认识，对自身的职业发展有较为清晰的规划。因此，就业方案的撰写还需要学生进行必要的行业调查，对调查信息进行提炼、总结，这也促使学生对自己所学的专业有全面的了解。

任务准备

1. 划分小组。
2. 成员分工。
3. 下载资料。

任务实施

1. 调查行业发展现状，进行职业规划，结合调查结果撰写就业方案。

2. 小组内就业方案交流，对其进行完善。

3. 班级内进行优秀就业方案交流。

总结评价

综合运用个人自我评价、小组评价、教师总结评价等方法，对学习资源的阅读情况、理论知识的学习情况、能力达成情况以及任务完成质量进行总结评价。

改善提升

对学习项目各个环节完成情况进行复盘，总结经验与不足，提出改进意见和措施，进一步完善学习汇报材料。

◎ 课后巩固

一、单项选择题

1. 在制订就业方案时，首先要明确（　　）。

A. 方案内容　　B. 方案时间

C. 方案目标　　D. 方案结果

2. 下列哪一项是获取就业信息和求职机会的重要途径？（　　）

A. 人脉拓展　　B. 网络资源

C. 简历优化　　D. 面试技巧

3. 下列哪一项是在人脉拓展中需要注意的？（　　）

A. 人脉的质量和双方的利益关系　　B. 提升职业发展

C. 与同行建立良好的联系和互动　　D. 获取更多的内推机会和招聘信息

二、多项选择题

1. 如何通过网络资源获取就业信息和求职机会？（　　）

A. 通过招聘网站、社交媒体等渠道获取招聘信息和招聘方的联系方式

B. 积极投递简历并跟进面试结果

C. 可以通过行业论坛、社交群等渠道拓展人脉关系

D. 获取更多的内推机会和招聘信息

2. 下列哪几项属于就业方案的设计流程？（　　　　）

A. 明确目标　　　　B. 技能匹配

C. 经验累积　　　　D. 市场调研

3. 下列哪几项属于就业方案的基本结构？（　　　　）

A. 行业分析　　　　B. 职业定位

C. 方案目标　　　　D. 培训计划

三、判断题

1. 网络资源是获取就业机会和促进职业发展的重要途径。（　　）

2. 人脉拓展是获取就业信息和求职机会的重要途径。（　　）

3. 经验累积是提升就业竞争力的关键因素。（　　）

四、辨析题

说一说，找工作时，职业与工资哪个更重要？

五、案例分析题

小云是一所中职学校会计专业的毕业生，在校期间成绩优异，几乎拿到所有的奖学金，也深受老师们的喜爱和器重。因此，在找工作时，她非常看重公司的规模与名气。她曾把精心做好的简历投递给几家中意的大公司，却迟迟没有得到回音；投递的一些小公司倒是给了回复，可是一谈到薪资待遇等方面的问题，小云就泄气了，因为根本就不符合自己的薪资预期。就这样，小云在理想和现实的交集中屡屡落败，她甚至悲观地想：学习成绩好有什么用？

你认为，小云在就业选择方面存在哪些错误思想与做法？

实践活动　演说展示：中职生就业选择的迷茫与启示

活动说明

就业是实现人生价值的重要阶梯，是逐梦青春、成就未来的起点。选择自己心仪的就业岗位是就业初期的重要期盼。选择一个适合自己的职业，首先要认识自己，明确自己的兴趣爱好、性格特点、能力素质等。只有完全了解自己，才能找到一份让自己能发挥优势和特长的工作。

演说稿范例

中职生就业选择的迷茫与启示

尊敬的领导、老师，亲爱的同学们：

大家好！

今天我演讲的题目是《中职生就业选择的迷茫与启示》。随着社会的不断发展，中职生就业问题愈发严峻，很多学生在就业选择时感到迷茫和无助。那么，我们应该如何面对这种迷茫，做出正确的就业选择呢？下面我将从几个方面给大家一些建议。

首先，对于就业选择的迷茫，我们需要全面了解自己的兴趣和个人价值观。很多学生在选择专业的时候并没有真正了解自己的兴趣和优势，只是盲目追求热门专业或者跟风选择，这导致了就业时的迷茫和不确定性。因此，我们应该在上学期间多参加社会实践、实习和课外活动，与不同领域的人交往与沟通，了解了自己的兴趣所在，从而做出准确的就业选择。

其次，我们需要主动寻找就业信息，并对自己的就业观念进行调整。在网络信息发达的时代，我们要善于利用各种渠道获取就业信息，比如，招聘网站、招聘会等。在了解就业市场的同时，我们也要对自己的就业观念进行调整。毕竟，就业不是唯一的出路。我们还可以尝试创业、进修深造、参加社会实践等，为自己创造更多的发展机会。

再次，我们要学会拓宽就业渠道和提升自身竞争力。不要把就业的目光仅仅局限于某一个城市或者某个行业，而是要多角度、多方面地考虑。我们可以选择在外地工作或者考虑跨行业发展，这样能增加就业的机会和可能性。同时，我们还要不断提升自己的综合素质，通过进修、培训等方式不断提高我们的职业能力，增强我们的竞争力。

最后，我们要保持积极的心态和乐观的态度。尽管迷茫和困惑是中职生就业时常常会遇到的问题，但我们不能被这些问题所困扰，而是要保持积极向上的心态，相信我们一定能够找到合适的工作，实现个人价值。

谢谢大家！

任务七　求职材料准备

学习项目　求职材料的形式与要点

任务导入

求职，是利用自己所学的知识和技能，向企事业单位寻求为其创造物质财富和精神财富，以获取合理报酬作为物质生活来源的一种过程。

求职材料非常重要，它是毕业生与用人单位之间交流信息的载体。对毕业生而言，可以通过求职材料向用人单位介绍自己的情况和就业意向，表达对用人单位所提供的职位感兴趣的原因和努力工作的决心。这是争取就业机会的重要步骤，是通往就业之路的“敲门砖”。

对于用人单位而言，求职材料是求职者本人对自己在校生活的一个全面总结和评价，能反映求职者个人的总体情况和综合素质，所以，求职材料是用人单位了解毕业生的基本途径，是用人单位了解学生的窗口和决策的重要依据。

中职生即将就业，必须要准备一份能体现自身特长、优势的求职材料。那么，求职材料的主要形式有哪些？撰写求职材料时，又要体现哪些要点呢？

任务目标

1. 了解求职材料的主要形式。
2. 了解求职材料的要点。

知识要点

1. 求职材料的形式

（1）简历

简历是求职过程中最重要的材料之一，它向招聘方展示了求职者的技能、经验和教育背景。在制作简历时，要突出自己的特点和优势，同时要符合所申请职位的要求。

（2）求职信

求职信是一封简短的信函，旨在向招聘方介绍自己的背景、技能和经验，以及自己为什么适合这个职位。在写求职信时，要表达自己的兴趣和热情，同时要简洁明了地阐述自己的能力和优势。

（3）证明材料

证明材料是证明求职者具备某种技能或资格的文件的复印件。这些文件可能包括资格证书、学历证明、工作证明等。在提交证明材料时，要确保这些文件真实、准确、完整。

（4）作品集

对于某些职位，特别是设计、艺术、文案等职位，提交一份作品集是非常必要的。作品集要包含求职者最好的作品，能充分展示求职者的技能和创意。在提交作品集时，要确保这些作品准确无误地展示求职者的技能和经验。

（5）推荐信

推荐信是由前上司或专业人士出具的信函，介绍求职者的能力和表现。如果有必要，尽量让有分量的人写推荐信，比如，前上司或教授。在提交推荐信时，要确保这些信真实、准确、完整地反映求职者的能力和表现。

（6）网络申请表

对于一些职位，特别是大型企业或公司的职位，求职者可能需要在其官方网站上填写网络申请表。在填写网络申请表时，要确保填写的内容真实、准确、完整，同时要注意保护个人隐私和安全。

2. 求职材料的要点

（1）教育背景

在求职材料中，教育背景是非常重要的部分。要详细列出自己的学历、专业、主修课程、成绩等信息。如果有参加相关的实习、项目或培训等经历，也一定要在教育背景中列出，这些都能体现你在该领域的经验和技能。

（2）工作经历

工作经历是展示自己实际工作经验的重要部分。要列出自己曾经从事过的职位、工作内容、工作时间以及取得的工作成果或成绩等信息。这些都能证明自己在相应领域的经验和能力。在撰写工作经历时，突出自己的工作职责和工作成果是最为关键的，还要强调自己所获得的成绩和奖励等。

（3）技能与特长

在求职材料中，列出自己的技能与特长是非常重要的。这些技能与特长要与所申请的职位相关联。例如，沟通能力、团队协作能力、领导能力、语言能力等。这些技能与特长能使你在众多求职者中脱颖而出。在描述自己的技能与特长时，尽量使用具体的例子来证明自己的能力，这样更具有说服力。

（4）个人品质

个人品质是反映个体性格特点的重要方面。在求职材料中，要展示自己的积极品质和个性特点。如诚实守信、责任心强、认真细致、开朗乐观等。这些品质能使自己更好地适应公司文化和职位要求。展示自己的品质时，最好通过具体的事例来体现这些品质在实践中的应用和体现。

（5）兴趣爱好

兴趣爱好可以反映自己的性格特点和价值观。在求职材料中，适当地介绍自己的兴趣爱好能增加招聘方对你的好感度。不过，这些兴趣爱好应该是积极向上、健康有益的，与所申请职位的要求无关的兴趣爱好可以不用介绍。如果兴趣爱好与所申请职位相关联。比如，喜欢阅读行业相关书籍等，可以适当地介绍。

（6）联系方式

在求职材料中，提供准确的联系方式是非常重要的。除了提供电话号码和电子邮件地址外，还可以提供社交媒体账号等信息。在提供联系方式时，要注意保护个人隐私和安全，避免泄露过多的个人信息。

任务要求

从招聘网站上查找符合自身求职意向、适合自身特点、能够满足自身职业发展规划的招聘岗位，按招聘要求，撰写求职信。求职信中应包括教育背景、工作经历、技能与特长、个人品质、兴趣爱好和联系方式等基本内容。各小组成员分享阅读求职信，给出改进的意见，成员根据大家的意见进行完善优化。每个小组选出一名学生，分享自己的求职信。

任务分析

可以从网络上下载求职信、个人简历的模板，再结合自己实际情况进行调整与修改。学生撰写求职信，一方面能掌握求职信的撰写方法与要点，另一方面也促使学生对自身进行全面、理性的分析，为自己日后学习与发展提供思路与方向。采用自评与互评相结合的方法，可以帮助学生发现求职信中的不足，对求职信的完善与优化提供帮助。

任务准备

1. 划分小组。
2. 成员分工。
3. 下载资料。

任务实施

1. 网上查询招聘岗位。
2. 确定应聘岗位，根据招聘要求撰写求职信。
3. 小组内部分享求职信，提出改进意见，完善求职信。
4. 各小组选出优秀的求职信，在班级进行分享。

总结评价

综合运用个人自我评价、小组评价、教师总结评价等方法，对学习资源的阅读情况、理论知识的学习情况、能力达成情况以及任务完成质量进行总结评价。

改善提升

对学习项目各个环节完成情况进行复盘，总结经验与不足，提出改进意见和措施，进一步完善学习汇报材料。

◎ 课后巩固

一、单项选择题

1. 求职材料有几种形式？（　　）

A.5 种　　B.6 种

C.8 种　　D.4 种

2. 求职简历中，能体现性格特征和价值观的是哪一项？（　　）

A. 兴趣爱好　　B. 个人品质

C. 技能与特长　　D. 工作经历

3. 下列哪一项，能展示求职者的实际工作经验？（　　）

A. 个人简历　　B. 教育背景

C. 工作经历　　D. 技能与特长

二、多项选择题

1. 证明材料包括（　　）。

A. 工作证明　　B. 学历证明

C. 资格证书　　D. 介绍信

2. 在求职材料中教育背景应介绍哪些内容？（　　）

A. 学历、专业　　B. 主修课程、成绩

C. 参加过相关的实习　　D. 参加过的项目或培训

3. 在求职材料中可以提供哪些联系方式？（　　）

A. 电话号码和电子邮件地址　　B. 社交媒体账号

C. 父母电话号码　　D. 银行卡信息

三、判断题

1. 提供联系方式时，注意保护个人隐私和安全，避免泄露过多的个人信息。（　　）

2. 在填写网络申请表时，要确保填写的内容真实、准确、完整。（　　）

3. 在制作简历时，要符合所申请职位的要求，同时要隐藏自己的特点和优点。（　　）

四、辨析题

某大公司HR透露，有些求职者，只需看一眼，就可以直接淘汰。你认为，这种做法是否会导致人才的流失？

五、案例分析题

张新在求职信中写道："本人于3月2日要去外地出差，敬请贵经理务必于2月28日前复信为盼。"

你认为张新的求职信用语是否存在欠妥之处？撰写求职信时，不适合的语言还有哪些？

实践活动　资料整理：个人简历表

活动说明

求职材料是求职时不可缺少的书面材料，主要包括求职信、简历和附件。求职材料侧重针对目标职位，陈述自己的专业技能及与职位有关的个人品质等；简历侧重陈述事实，将自己的个人背景、工作经验和主要专长等罗列其中，使用人单位对自己有

一个比较全面的了解；附件是用来补充说明求职信和简历内容的材料。如学历证明、获奖证书等。

个人简历表（表 3-2）

表 3-2　个人简历表

<table>
<tr><td>姓　名</td><td></td><td colspan="2">性　别</td><td></td><td>出生年月</td><td></td><td rowspan="3">照片</td></tr>
<tr><td>身份证号码</td><td></td><td colspan="2">民　族</td><td></td><td>政治面貌</td><td></td></tr>
<tr><td>籍　贯</td><td></td><td colspan="2">健康状况</td><td></td><td>身　高</td><td></td></tr>
<tr><td>现居住所在地</td><td></td><td colspan="2">所学专业</td><td colspan="2"></td><td>学历</td><td></td></tr>
<tr><td>最后毕业学校</td><td></td><td colspan="2">毕业时间</td><td colspan="2"></td><td>技术职称</td><td></td></tr>
<tr><td>现工作单位</td><td></td><td colspan="2">计算机水平</td><td colspan="2"></td><td>现从事专业</td><td></td></tr>
<tr><td rowspan="3">学习经历</td><td colspan="2">起止年月</td><td colspan="4">在何单位（学校）</td><td>任何职务</td></tr>
<tr><td colspan="2"></td><td colspan="4"></td><td></td></tr>
<tr><td colspan="2"></td><td colspan="4"></td><td></td></tr>
<tr><td rowspan="3">兼职经历</td><td colspan="2"></td><td colspan="4"></td><td></td></tr>
<tr><td colspan="2"></td><td colspan="4"></td><td></td></tr>
<tr><td colspan="2"></td><td colspan="4"></td><td></td></tr>
<tr><td>学习课程</td><td colspan="7"></td></tr>
<tr><td>业务专长</td><td colspan="7"></td></tr>
<tr><td>奖惩情况</td><td colspan="7"></td></tr>
<tr><td>自我评价</td><td colspan="7"></td></tr>
<tr><td>学校评价</td><td colspan="7"></td></tr>
<tr><td>联系地址</td><td colspan="4"></td><td>微信号</td><td colspan="2"></td></tr>
<tr><td>联系电话</td><td colspan="4"></td><td>qq 号</td><td colspan="2"></td></tr>
</table>

任务八　面试

学习项目　面试的流程与基本要求

任务导入

当你投递了精心准备的简历，并收到了面试邀请，你离成功找到工作就差最后一步了，那就是面试。面试环节作为找工作过程中的重中之重，要如何做准备呢？

面试是寻找工作的过程中至关重要的一环，它不仅决定了求职者是否能获得工作机会，也是评估公司是否找到了合适的人选的重要途径。

面试前，问自己三个问题，你是否具备这份工作所需的技能？你是否具备了必要的思维方式和正确的职业动机来做好这份工作？你是否与雇主的企业文化相契合？

除此之外，求职者还要做好哪些准备呢？

任务目标

1. 了解面试的流程。
2. 掌握面试的基本要求。

知识要点

1. 面试的流程

（1）简历筛选

在提交简历之前，要确保简历真实、准确、有条理，并突出自己的技能和经验。一旦简历通过筛选，将进入下一阶段的面试。

（2）电话或在线初步面试

在初步面试中，面试官通常会了解求职者的背景、技能和经验，并评估求职者是否符合公司的要求。这一步可以帮助面试官确定是否需要进一步了解求职者的能力和潜力。

（3）现场面试邀请

如果初步面试顺利，求职者可能会收到现场面试的邀请。在现场面试之前，求职者应确保了解公司的背景、文化和业务，同时也要了解所应聘职位的职责和要求。

（4）现场面试准备

在现场面试之前，求职者应确保自己已经做好了充分的准备。这包括了解公司和职位、准备自我介绍、复习简历中的技能和经验等。同时，还要注意穿着得体、保持良好的姿态和语气。

（5）面试进行

在面试过程中，求职者需要向面试官展示自己的能力和潜力。这包括回答问题、展示工作经验和技能、提出有深度的问题等。同时，还要注意倾听面试官的问题和意见，并做出适当的回应。

（6）面试官提问与评估

在面试过程中，面试官可能会提出一些问题来评估求职者的能力和潜力。这些问题可能涉及求职者的背景、技能、经验、职业规划等方面。在回答问题时，要清晰、简洁、有条理，避免使用过于专业或难懂的词汇。

（7）候选人提问与面试官解答

在面试结束之前，求职者可能会得到提问的机会。这是一个展示自己对公司和职位的兴趣和热情的机会。在提问时，要尊重面试官的时间和意见，提出有意义的问题。

2. 面试的基本要求

（1）准时到达

准时到达是面试的基本要求之一。求职者应确保提前了解面试地点并预留足够的时间前往。如果遇到交通堵塞或其他紧急情况，应提前通知面试官，并说明原因。

（2）着装得体

在面试时，着装得体是非常重要的。根据面试的职位和行业，选择合适的服装，展现出自己的专业形象。一般而言，正装是比较不容易出错的选择。

（3）言谈举止得体

在面试过程中，言谈举止得体也是非常重要的。要表现出礼貌、尊重和谦虚的态度，同时要与面试官保持良好的沟通。在回答问题时，要清晰、简洁，有条理。

（4）简历真实

在面试前，要确保自己的简历真实无误。在面试中，如果面试官问到与简历相关的问题，要能清楚地回答。如果有任何不真实的内容，可能会影响自己的信誉和获得职位的机会。

（5）了解公司和职位

了解公司和职位也是面试的基本要求之一。在面试前，要通过查阅公司网站、社交媒体等渠道了解公司的历史、文化和业务，同时还要了解所应聘职位的职责和要求。这样能表现出自己对该职位的兴趣和热情。

（6）态度积极认真

在面试中，要展现出积极认真的态度，要表现出自己的工作热情和职业素养，同时还要尊重面试官和公司文化。在面试结束后，要向面试官表示感谢并等待下一步通知。

（7）回答问题有条理

在回答问题时，要尽量做到简洁明了、条理清晰。可以先总结一下问题的要点，然后有条不紊地展开论述。同时，要注意避免使用过于专业或难懂的词汇，让面试官能够轻松地理解。

任务要求

要真正做到在招聘会上从容应对，仅作为旁观者进行观摩是不够的，还需亲身参与体验。模拟面试，是正式面试前的集训。学生模拟公司招聘流程，制订招聘计划，组织求职人员进行面试。参与面试的学生根据招聘通告上的具体要求，撰写并提供简历。简历要规范、全面，体现个人优势。参与面试的过程中，根据面试者的提问，认真回答。小组成员进行互评，选出“最佳求职者”。

任务分析

面试是一项实践性较强的活动。从书本上了解面试的流程、要点以及注意事项是浅显的。因此，此学习任务的设计，可以让学生通过模拟情境、模拟角色、模拟流程，感受面试的氛围。

任务准备

1. 小组划分。
2. 成员分工。
3. 下载资料。

任务实施

1. 制作招聘计划，计划中明确招聘岗位、岗位职责、薪酬待遇、招聘人数等关键信息。

2. 制作个人求职简历，简历要规范、全面。

3. 确定面试问题、要求。

4. 模拟面试。

5. 小组成员进行互评，评选出“最佳求职者”。

6. “最佳求职者”与大家分享心得体会。

总结评价

综合运用个人自我评价、小组评价、教师总结评价等方法，对学习资源的阅读情况、理论知识的学习情况、能力达成情况以及任务完成质量进行总结评价。

改善提升

对学习项目各个环节完成情况进行复盘，总结经验与不足，提出改进意见和措施，进一步完善学习汇报材料。

◎ 课后巩固

一、单项选择题

1. 面试流程一般包括（　　）个步骤。

A. 七　　B. 六

C. 八　　D. 五

2. 面试流程不包括（　　）。

A. 简历真实　　B. 电话或在线初步面试

C. 现场面试邀请　　D. 面试官提问与评估

3. 在面试前，要确保自己的简历（　　）。

A. 真实无误　　B. 看起来高大上

C. 可以根据面试的公司情况，适当地美化简历　　D. 简单即可

二、多项选择题

1. 在面试的过程中，回答问题要（　　　　）。

A. 语言清晰　　B. 有条理

C. 简洁　　D. 逻辑清晰

2. 面试前，要了解（　　　　）。

A. 公司的历史、文化和业务　　B. 所应聘职位的职责和要求

C. 公司人际关系　　D. 公司的经济实力

3. 面试的基本要求包括（　　　　）。

A. 准时到达　　B. 着装得体

C. 言谈举止得体　　D. 简历真实

三、判断题

1. 在回答问题时，可使用过于专业或难懂的词汇，让面试官了解你的能力。（　　）

2. 在面试中，要展现出积极认真的态度。（　　）

3. 在现场面试之前，应了解公司的背景、文化和业务。（　　）

四、辨析题

你如何理解“你应该寻觅机遇，而不能静候它来敲你的门”这句话？

五、案例分析题

张林在网站上看到某公司招聘促销员的信息，认为自己满足应聘条件，并在面试规定时间来到公司。在公司管理人员的要求下，张林填写了个人基本情况表。由于填写表格的人很多，房间里较为拥挤。张林快速潦草地填完表后，就交给了管理人员。面试时，工作人员拿着张林填写的表格对他说：“从你潦草的字迹就可以看出，你是一个做事情不够认真的人，所以，我们不会录用你。”张林还想辩解，但是工作人员已经不再给他机会了。

结合学习过的知识，你认为张林在面试准备与面试过程中，犯了什么错误？这对你有什么启示？

实践活动　调研：面试经常问哪些问题，有哪些精彩回答

活动说明

面试是公司挑选职工的一种重要方法。面试给公司和应聘者提供了进行双向交流的机会，能使公司和应聘者之间相互了解，从而双方都能更准确地做出选择。面试是在特定场景下，以面试官与应聘者的交谈以及对应聘者的观察为主要手段，由表及里地测评应聘者的知识、能力、经验和综合素质等有关素质的考试活动。

语言表达能力是面试的重要测评要求，面试中语言技巧的优劣、回答问题水平的高低，直接反映了求职者的知识和修养。掌握了面试中的语言技巧会让求职者在面试中脱颖而出。

活动示范

面试中一些常见问题的精彩回答

问题一：请谈谈你自己的一些情况。

示例：我叫 ×××，毕业于 ×× 学校 ×× 专业。在校期间，我深入学习了 ×× 领域的相关知识，并积极参与各类实践活动，为自己奠定了坚实的专业基础。同时，我还注重提升自己的综合素质，积极参加学校社团活动和志愿者服务，锻炼了自己的组织协调能力和团队协作精神。我认为，自己具备较强的学习能力和适应能力，能迅速掌握新知识和技能。同时，我也拥有良好的沟通能力、团队协作精神和创新思维。在工作中，我注重细节，善于发现问题并提出解决方案。我相信这些能力和素质将使我在未来的工作中脱颖而出。此外，我对贵公司的发展历程和业务领域有一定的了解，非常欣赏贵公司的企业文化和发展战略。我希望能加入贵公司，发挥自己的专业能力和优势，为公司的发展做出贡献。

问题二：请谈一下你对公司的看法，为什么你想来我们公司工作？

示例：贵公司作为一个在行业内有着卓越声誉和领先地位的企业，不仅有着优秀的企业文化和核心价值观，还一直致力于推动行业发展和创新。我对贵公司的业务领域和发展战略非常感兴趣。同时，我也非常认同贵公司的企业文化和价值观。因此，我非常渴望能加入贵公司，成为这个优秀团队中的一员。

问题三：以你的资历条件，完全可以到大公司任职，你怎么想到我们这家小企业？

示例：大平台固然好，但小企业有自己的优势如策略方面非常灵活，用人方面唯才是举，内部流程简单高效，团队氛围轻松和谐，业务成长方面没有天花板，可以接触到更多的工作内容，这些都是我喜欢的。我个人的资历条件还可以，我想，在你们这样的企业更能发挥自己的价值。

问题四：请你谈谈选择这份工作的动机。

示例：在选择贵公司之前，我进行了深入的调研。首先，我的专业背景与这个岗位高度契合，我有信心在工作中独当一面。此外，我一直秉持着向这个方向发展的愿望，而贵公司的前景无疑吸引了我。如果我有机会加入，我相信既能实现个人价值，也能为公司的持续成长贡献一份力量。

问题五：你是否可以接受加班？

示例：我可以接受加班，但希望能获得相应的调休。个人时间固然重要，但工作需求有时也会要求我们在休息日工作。我认为，只要是分内的工作，加班也不会引起抱怨。

问题六：你现在最感兴趣的是什么？

示例：我从中学起就开始打球，到了大学也是每个星期都打 ×× 次比赛。为了练习打球技术，我上网看了各种练习视频，业余时间就反复练习，现在已经达到了 ××× 的水平。

问题七：请谈一谈你的弱点。

示例：我是一个完美主义者，总是追求事物完美无缺。我对准时要求得非常严格。我从不轻易放弃，以致有些固执。我喜欢独立工作，而不喜欢主管领导在我的工作中安排一切。

回答面试提问的基本原则：回答一切问题都要围绕着你所应聘的工作展开，无关紧要的话越少越好。无关紧要的话不仅不能给你带来任何好处，反而某句话不当会引起面试官的反感，因为你不了解面试官；既然不了解，就要保守一些。围绕着你所应聘的工作展开话题就能确保在一般情况下你不会被过早淘汰，从而提高你的面试成功率。

项目四

创业体验

◎ 项目导语

中国就业形势总体比较复杂，企业招工难与劳动力就业难并存。毕业生就业总量压力和结构性矛盾依然突出，中职生就业形势显得愈加严峻，促进中职院校毕业生就业的工作任务更为艰巨繁重。

创业被国际上普遍认为是高质量的就业。随着我国经济、政治和教育改革的不断深入，自主创业将成为中职毕业生就业的一个必然趋势。越来越多的中职生自主创业，让我们感受到了中职生自主创业的活力四射。但是，创业是有风险的，中职生自主创业尤其要学会规避风险。中职生自主创业，重在结合自己的专业特点，通过自主从事技术开发、科技服务以及其他经营活动来创造就业岗位，并依法获得劳动报酬。

◎ 项目目标

1. 了解创业的概念、政策和法规。
2. 了解互联网时代的新业态和创业机会。
3. 了解创业的条件与类型、流程与形式、风险防范与策略调整方法。
4. 了解创业能力评价的方法。
5. 了解创业项目的申请流程和创业团队组建方法。

■ 任务一　创业政策与法规

学习项目　本地区本专业有哪些中职生创业政策

任务导入

《国务院关于进一步做好新形势下就业创业工作的意见》提出："大力实施就业优先战略，积极深化行政审批制度和商事制度改革，推动大众创业、万众创新。"中职学校应切实加强创业教育的政策和举措，推动创业教育科学化、制度化、规范化建设，在就业指导工作中积极开展创业教育，引导中职生自觉增强创业意识和创新精神，鼓励有条件的毕业生自主创业。近些年，在中职毕业生中涌现出了许多自主创业者。这些创业者在自主创业的旅途中胸怀激情、自强不息，并带动着一批励志中职生从创业梦想走向创业实践。

创业的过程是自我价值实现的过程，是放飞人生理想和目标的过程。创业从来都是艰难的，创业需要励志。中职生创业，难免会遇到资金短缺的"瓶颈"，也少不了信息获取、人情往来、选择地址、组建团队等方面的困难。但凡是敢拿青春"赌"未来的中职生创业者，为了实现自己的梦想，都不会轻言放弃，他们拥有闯出一片属于自己的天空的勇气。

开启创业之路，应以创业政策为令箭，以创业法规为保障。那么，你知道国家的创业政策和创业相关的法律法规有哪些吗？

任务目标

1. 掌握创业的概念。
2. 了解创业的政策。
3. 了解创业的法规。
4. 掌握本地区本专业的中职生创业政策。

知识要点

1. 创业的概念

创业是创业者及其创业搭档对他们拥有的资源或通过努力能拥有的资源进行优化整合，从而创造出更大经济价值或社会价值的过程。创业是一种需要创业者及其创业搭档组织经营管理，运用服务、技术、器物作业的思考、推理和判断的行为。

2. 创业政策

创业政策是指政府制定和实施的旨在促进创业活动和支持创业者的政策措施。

（1）民办企业“三证合一”

深化商事制度改革，进一步落实注册资本登记制度改革，坚决推行工商营业执照、组织机构代码证、税务登记证“三证合一”，出台推进“三证合一”登记制度改革意见和统一社会信用代码方案，实现“一照一码”。

（资料来源：中华人民共和国中央人民政府 2015 年《国务院办公厅关于加快推进“三证合一”登记制度改革的意见》）

（2）推进创客空间等孵化模式

总结推广创客空间、创业咖啡、创新工场等新型孵化模式，加快发展市场化、专业化、集成化、网络化的众创空间，实现创新与创业、线上与线下、孵化与投资相结合，为创业者提供低成本、便利化、全要素、开放式的综合服务平台和发展空间。

（3）众创空间税收优惠

落实科技企业孵化器、大学科技园的税收优惠政策，对符合条件的众创空间等新型孵化机构适用科技企业孵化器税收优惠政策。有条件的地方，可对众创空间的房租、宽带网络、公共软件等给予适当补贴。

（4）创业担保贷款提高额度

2023 年，出台了《普惠金融发展专项资金管理办法》，以下简称（《办法》）。《办法》通过提高创业担保贷款额度上限、放宽小微企业贷款申请条件，引入政府性融资担保机构为创业担保贷款提供担保增信等措施，加大财政支持创业就业力度。其中，《办法》将创业担保贷款个人贷款额度上限由 20 万元提高至 30 万元，小微企业贷款额度上限由 300 万元提高至 400 万元，预计每年可新增创业担保贷款 1161 亿元，带动约 100 万人创业就业。优化小微企业新招用人数与企业现有在职职工人数的占比，由 15% 调整为 10%，超过 100 人的企业由 8% 调整为 5%，适当放宽小微企业贷款申请条件，让更多小微企业享受政策支持。

（资料来源：央视新闻客户端《普惠金融发展专项资金管理办法》）

（5）根据《财政部 税务总局关于进一步实施小微企业“六税两费”减免政策的公告》（财政部 税务总局公告 2022 年第 10 号）第一条的规定：由省、自治区、直辖市人民政府根据本地区实际情况，以及宏观调控需要确定，对增值税小规模纳税人、小型微利企业和个体工商户可以在 50% 的税额幅度内减征资源税、城市维护建设税、房产税、城镇土地使用税、印花税（不含证券交易印花税）、耕地占用税和教育费附加、地方教育附加。

（资料来源：国家税务总局辽宁税务局 2022 年 4 月 26 日《个人独资企业可以享受“六税两费”减免吗？》）

（6）优先转移科技成果

鼓励利用财政性资金设立的科研机构、普通中职学校、职业院校，通过合作实施、转让、许可和投资等方式，向职业学校毕业生创设的小微企业优先转移科技成果。

（7）支持举办创新创业活动

支持举办创业训练营、创业创新大赛、创新成果和创业项目展示推介等活动，搭建创业者交流平台，培育创业文化，营造鼓励创业、宽容失败的良好社会氛围，让大众创业、万众创新蔚然成风。对劳动者创办社会组织、从事网络创业符合条件的，给予相应创业扶持政策。

（8）大力加强创业教育

把创新创业课程纳入国民教育体系。《国务院办公厅关于深化高等学校创新创业教育改革的实施意见》（国办发〔2015〕36 号）从健全创新创业教育课程体系、创新人才培养机制、改进创业指导服务等 9 个方面促进毕业生创新创业。

3. 创业法规

在创业过程中，了解相关法律法规是非常重要的。以下是一些与创业相关的主要法律法规。

（1）《中华人民共和国公司法》：该法规定了公司的组织、设立、运营、变更、解散、清算等方面的内容，是公司运作的基本法律框架。

（2）《中华人民共和国著作权法》《中华人民共和国专利法》《中华人民共和国商标法》《计算机软件保护条例》等：这些知识产权法规定了发明、实用新型、外观设计、商标、著作权等知识产权的取得、保护、使用和转让等方面的内容，对于创新型企业来说尤为重要。

（3）《中华人民共和国劳动法》：劳动法规定了劳动者的权益保护、劳动合同的签订、履行、变更、终止、解除等方面的内容，创业者需要了解相关规定，以避免劳动纠纷。

（4）《中华人民共和国个人所得税法》：税法规定了企业的税收政策、纳税义务、税收优惠等方面的内容，创业者需要遵守相关规定，以避免因税收问题而影响企业发展。

（5）《中华人民共和国反不正当竞争法》：规定了禁止不正当竞争行为，保护企业的合法权益，促进公平竞争等方面的内容。对于创业者而言，这是一部非常重要的法律。

任务要求

学生认真学习创业政策、法规等内容，搜集本地区本专业相关的创业政策和法规内容。要求各个小组就上面所提及的与创业相关的资料等内容进行调查，选取相关内容，并进行汇总整理。制作成PPT，进行分享。

任务分析

创业政策具有较强的区域性和行业性特征。因此，本学习任务有利于促进学生对本地区的创业政策的了解、对创业相关法规的了解。

任务准备

1. 划分小组。
2. 成员分工。
3. 下载资料。

任务实施

1. 网络搜索本区域本专业的相关创业政策和法规。
2. 提取重要内容，进行汇总整理。
3. 制作PPT，进行分享。
4. 各小组就分享的内容进行交流讨论。

总结评价

综合运用个人自我评价、小组评价、教师总结评价等方法，对学习资源的阅读情况、理论知识的学习情况、能力达成情况以及任务完成质量进行总结评价。

改善提升

对学习项目各个环节完成情况进行复盘，总结经验与不足，提出改进意见和措施，进一步完善学习汇报材料。

◎ 课后巩固

一、单项选择题

1. 创业者及其创业搭档对他们拥有的资源或通过努力能够拥有的资源进行优化整合，从而创造出更大经济价值或社会价值的过程叫作（　　）。

A. 就业　　B. 创业

C. 自主择业　　D. 待业

2. 不属于“三证合一”登记制度里的“三证”的是（　　）。

A. 工商营业执照　　B. 组织机构代码证

C. 税务登记证　　D. 卫生许可证

3. 不符合创业者综合服务平台和发展空间特征的是（　　）。

A. 低成本　　B. 便利化

C. 全要素　　D. 高速化

二、多项选择题

1. 创业法规包括（　　　）。

A.《中华人民共和国公司法》　　B.《中华人民共和国劳动法》

C.《中华人民共和国著作权法》　　D.《中华人民共和国反不正当竞争法》

2.《中华人民共和国个人所得税法》规定了哪些内容？（　　　）

A. 企业的税收政策　　B. 企业的纳税义务

C. 企业的税收优惠　　D. 企业合同内容

三、判断题

1. 创业政策是指政府制定和实施的旨在促进创业活动和支持创业者的政策措施。（　　）

2. 创业是一种需要创业者及其创业搭档组织经营管理，运用服务、技术、器物作业的思考、推理和判断的行为。（　　）

3. 国家已经把创新创业课程纳入国民教育体系。（　　）

实践活动　辩论：中职生应不应该考虑创业？

活动说明

中职生创业是一个值得鼓励和支持的方向，不仅可以培养学生的创新能力和实践能力，还可以为社会创造更多的经济价值。中职生创业既具备优势，同时也存在劣势。因此，中职生到底应不应该创业，人们对此看法不一。本活动旨在促进中职生深入分析创业的基本条件、优势与环境等因素，以期全面地认识、正确地看待创业。

请同学们参照前面实践活动中的辩论赛的组织，自主筹划一次辩论赛。

任务二　互联网时代的创业

学习项目　互联网时代的新业态与创业途径

任务导入

张馨在一家事业单位上班，业余特别喜欢看短视频。渐渐地，她萌生了拍摄、发布短视频并成为一个博主的想法。

考虑成熟以后，张馨就着手准备成为一个专业的博主，为此她购买了手机云台用于拍摄。张馨研究对标账号、分析短视频内容、研究近期热点视频。她还上网课，听有经验的视频博主讲短视频传播技巧。在15天的时间里，她在自己的短视频平台账号中，更新了11条短视频，虽然点赞量和粉丝数目前都很少，但张馨觉得，自己至少迈出了第一步。

短视频营销是互联网时代的新业态，你还知道哪些新业态？这些新业态带来了哪些创业的新机遇？

任务目标

1. 了解互联网时代的新业态。
2. 了解互联网时代的创业机会。

知识要点

1. 互联网时代的新业态

（1）互联网电商

互联网电商作为一种新型的商业模式，得到了广大消费者的追捧。通过互联网平台，消费者可以随时随地进行购物，不再受时间和空间的限制。同时，电商的发展也促进了物流行业和支付行业的发展，形成了一个完整的产业链。

（2）在线教育

互联网行业的新业态之一是在线教育。随着移动设备的普及，越来越多的人选择在互联网上学习。在线教育不受地点的限制，学生可以根据自己的时间和节奏进行学习，同时也节省了时间和金钱成本。

（3）社交媒体

社交媒体是互联网行业新的业态之一，它让人们能方便地进行相互交流和分享。通过社交媒体平台，人们可以随时随地了解朋友的动态，并且可以与更多的人建立联系。社交媒体也成为人们获取信息的重要渠道，不仅可以了解时事，还可以了解到更多的消费品和服务。

（4）共享经济

共享经济是互联网行业新的业态之一。通过互联网平台，人们可以方便地分享和使用各种资源。共享经济的兴起不仅满足了人们的需求，同时也减少了浪费，减轻了环境压力。

（5）在线医疗

随着互联网的发展，在线医疗成了一个新的业态。通过在线医疗平台，人们可以远程咨询医生，避免了排队等待的时间。在线医疗还可以推动医疗资源的优化配置，使得医疗服务更加均衡和高效。

（6）互联网金融

互联网金融是互联网行业新的业态之一。通过互联网平台，人们可以方便地进行金融交易和理财。互联网金融的发展不仅促进了金融行业的创新，还为小微企业和个人提供了更加便捷的融资和借贷渠道。

（7）智能家居

智能家居是互联网行业新的业态之一。它通过互联网和物联网技术，实现了各种家居设备的智能化。智能家居可以提供更加便捷和舒适的生活体验，同时也可以节约能源和资源。

（8）无人驾驶

无人驾驶是互联网行业新的业态之一，通过人工智能和传感器技术，实现了车辆的自主驾驶。无人驾驶可以提高交通安全性，减少交通拥堵。同时，也解放了驾驶者的双手，节省了驾驶者的时间。

（9）云计算

云计算是互联网行业新的业态之一，通过互联网和数据中心技术，提供了灵活、可扩展和高效能的计算和存储服务。云计算不仅为企业提供了更加便捷和可靠的 IT 基础设施，也促进了大数据和人工智能的发展。

（10）人工智能

人工智能是互联网行业新的业态之一，通过机器学习和深度学习技术，实现了机器的智能化。人工智能可以应用于各个领域，包括图像识别、语音识别、自然语言处理等。人工智能的发展为人们的生活带来了更多的便利和可能。

2. 互联网时代的创业途径

（1）虚拟产品销售。整合个人擅长的领域或成熟经验，编写成课程，通过网络平台进行销售。

（2）跟随市场趋势。关注流行趋势，选择具有高增长潜力的产品或服务领域。

（3）利用评论和关键词搜索数据。通过分析产品评论或利用搜索引擎的关键词、搜索数据来发现潜在的市场需求。

（4）零成本测试。不需要投入大量成本，通过各种方式锁定用户，如低价预约或建立社群。

（5）利用排行榜和电商网站数据。分析电商网站的排行榜，了解最真实的用户反馈，以发现高利润率的产品。

（6）社交电商和短视频等新媒体领域。利用社交网络和短视频平台进行产品推广和销售。

（7）人工智能、物联网、虚拟现实等高科技领域。随着技术的发展，这些领域提供了大量的创业机会。

（8）针对特定社会问题提供解决方案。如针对政府关注的酒驾问题，提供代驾服务。

（9）利用新技术进行创新。如利用大数据、云计算等技术，提供更精准、高效的服务。

（10）针对特定消费群体的服务。如针对中产阶级，四、五线城市及农村消费者群体的服务。

任务要求

在认真学习了互联网时代的新业态后，利用网络搜集身边互联网新业态领域内的创业项目。分析这些创业项目利用了哪些互联网技术与优势，结合当前的互联网时代背景，讨论创业项目。各小组要制作PPT，进行分享。

任务分析

在互联网新业态领域内，创业项目层出不穷，但是实现创业目标的项目却不多。因此，学生一方面要了解到互联网新业态提供了哪些新的创业机遇，另一方面也要认识到创业风险无处不在。因此，本任务主要是引导学生运用辩证的思维分析问题、解决问题。

任务准备

1. 划分小组。
2. 成员分工。
3. 准备电脑。

任务实施

1. 利用网络搜集互联网新业态创业项目案例。
2. 分析互联网新业态，为创业项目的实施提供的技术支持与优势。
3. 进一步分析创业项目运营策略的调整。
4. 制作PPT，进行分享。

总结评价

综合运用个人自我评价、小组评价、教师总结评价等方法，对学习资源的阅读情况、理论知识的学习情况、能力达成情况以及任务完成质量进行总结评价。

改善提升

对学习项目各个环节完成情况进行复盘，总结经验与不足，提出改进意见和措施，进一步完善学习汇报材料。

◎ 课后巩固

一、单项选择题

1. 下列哪一项是新型的商业模式？（　　）

A. 实体商户　　B. 互联网电商

C. 大型商超　　D. 厂家直营

2. 下列哪一项不属于互联网时代的创业途径？（　　）

A. 虚拟产品销售　　B. 社交电商和短视频等新媒体领域

C. 传统零售业　　D. 人工智能、物联网、虚拟现实等高科技领域

3. 通过互联网平台，人们可以进行金融交易和理财活动，这属于（　　）。

A. 互联网金融　　B. 互联网医疗

C. 社交媒体　　D. 在线教育

二、多项选择题

1. 人工智能可以应用于哪些领域？（　　）

A. 图像识别　　B. 语音识别

C. 自然语言处理　　D. 案件侦查

2. 互联网时代的新业态有哪些？（　　）

A. 在线教育　　B. 在线医疗

C. 互联网金融　　D. 人工智能

3.（　　）的发展促进了物流行业和支付行业的发展。

A. 电商　　B. 互联网

C. 在线教育　　D. 人工智能

三、判断题

1. 无人驾驶可以提高交通安全性，减少交通拥堵，同时也解放了驾驶者的双手，节省了驾驶者的时间。（　　）

2. 智能家居可以提供更加便捷和舒适的生活体验。（　　）

3. 在线教育可以推动医疗资源的优化配置，使得医疗服务更加均衡和高效。（　　）

四、辨析题

有人提议“取消网购，关闭电商，恢复实体经济”，你对此是支持还是反对？

五、案例分析题

吕某中专计算机专业毕业后，租了一间仓库，开办了一家在线食品杂货配送公司，营业之初，生意较好。吕某最初与仓库主人签订了 5 年的租赁合同。但仓库主人发现吕某生意火爆，在签约第 2 年，提出增加房租。房租的临时上涨给吕某增加了巨大的压力，还给经营增加了不确定的因素。

如果你是吕某，你将如何运用法律法规保护自己的合法权益呢？吕某的案例对你有什么启示？

实践活动　演说展示：发现创业机会

活动说明

许多人都想创业，憧憬着创业成功带来的财富和地位。但实际上，创业并不是一件简单的事，只有想法根本不够，还需要发现好的商机，并判断其是否适合自己。

在创业的路上，有的人功成名就，大展宏图；有的人却一无所成，处境窘迫。所以，创业不能盲目为之。若你有志创业，就要时刻做好准备，因为机会只青睐有准备的人。

演说稿范文

发现创业机会

尊敬的各位领导、老师，亲爱的同学们：

大家好！

今天我要跟大家分享的主题是发现创业机会。创业，是一种勇于冒险、敢于追梦的行动，是一种追求自我价值、实现人生理想的方式。而寻找创业机会，则是创业之路上至关重要的一步。那么，如何发现创业机会呢？

首先，我们要具备敏锐的洞察力。洞察力，是指我们通过对市场和社会的观察和分析，能够迅速发现潜在的商机和需求的能力。而要获得洞察力，我们需要做到以下几点。

第一，关注市场趋势。市场趋势决定着消费者的需求和行为，是我们寻找创业机会的重要依据。我们可以通过研究市场数据、行业报告、媒体报道等，了解当前的市场动态和趋势。例如，当前社会对健康、环保、科技等领域的关注度日益提高。因此，在这些领域创业，可能会有更多的机会。

第二，观察社会问题。社会问题的存在往往意味着商机的存在。我们可以通过关注新闻事件、社交网络、与人交流等方式，发现社会问题，并思考如何解决这些问题。例如，随着老龄化社会的到来，老年人的养老问题成了一个热点。因此，开设高品质养老院或提供老年人的健康管理服务都是很有潜力的创业机会。

第三，倾听消费者声音。消费者是市场上最了解市场需求的人，他们的反馈和意见对我们而言，非常珍贵。我们可以通过开展市场调研、进行用户访谈、关注消费者反馈等方式，了解消费者的期望和需求。例如，如今很多年轻人都面临着工作和生活压力，对于放松和娱乐的需求也越来越多。因此，开设特色娱乐场所或提供放松服务，也是一个值得考虑的创业机会。

其次，我们还要善于思考和创新。创业机会往往隐藏于我们日常生活中的琐碎细节或常识之中，我们需要通过思考和创新，将这些看似平凡的事物转化为商机。

第一，我们要善于思考问题的本质。有时候，一个问题看似普通，但如果我们从深层次去思考它的本质原因，就有可能发现商机。例如，传统的线下购物存在着时间成本、交通成本等问题，而电子商务的兴起则解决了这些问题，于是，它就成了一个创业机会。

第二，我们要勇于打破常规，创造新的商业模式。创新是创业成功的关键之一，只有在原有商业模式的基础上做新的尝试，才有可能发现新的商机。例如，共享经济的兴起就是一种全新的商业模式。资源的共享和利用，创造了新的商机，给人们的生活带来了很多便利。

最后，我们要脚踏实地，善于执行。创业机会的发现只是创业成功的一部分，更重要的是将机会转化为切实可行的商业行动。创业需要有一个良好的策划和执行过程，需要我们有耐心和毅力去克服困难，将创意变为现实。

尊敬的各位领导、老师，亲爱的同学们，创业机会无处不在，只要我们具备敏锐的洞察力，善于思考和创新，自信并脚踏实地地去实现梦想，我们就能发现创业机会，走出属于自己的创业之路。让我们一起努力，为创业梦想而奋斗！

任务三 创业的条件和类型

学习项目 了解创业的必备条件和创业类型

任务导入

每个人的心中都有创业的梦想。创业不仅是一个实现梦想的过程，也是展示个人才华和能力的舞台。对于许多人而言，创业意味着独立、自由和创新，代表着挑战自我、超越自我的机会。创业梦想的背后，往往蕴含着对某个领域或行业的热爱、对某个问题或需求的独特见解，以及对改变世界的渴望。创业者们希望通过自己的努力和创新，为社会带来积极的影响，创造更多的价值。同时，创业需要成熟的时机、突出的优势与必备的条件。

那么，除了创业者个人的基本素质与能力外，还应该具备哪些创业条件，才能开启创业之路呢？

任务目标

1. 了解创业必备的条件。
2. 了解常见的创业类型。

知识要点

1. 创业必备条件

（1）充分的资源（Resource）：包括人力和财力。创业者要具备充分的经验、 行业知识、流动资金、时间、精神和毅力。

（2）可行的概念（Idea）：生意概念不怕旧，最重要的是可行，有长久性，可以继续开发、扩展。

（3）适当的基本技能（Skill）：不是行业中的一般技能，而是通常性的企业管理技能。

（4）有关行业的知识（Knowledge）：不能只陶醉于自己的理想。

（5）才智（Intelligence）：创业者不一定要有高智商，但要能善于把握时机作出明确的决定。

（6）人际关系（Relationship）：创业者需要有人帮助和支持，不断扩大朋友圈并经营好人际关系，也会为创业带来不少方便。

（7）确定的目标（Goal）：可使创业者少走弯路，有奋斗方向。

2. 创业类型

（1）基于创业初始条件的分类

芝加哥大学教授阿玛尔·毕海德曾在哈佛商学院讲授创业课程，为了整理出清晰的授课计划，他带领学生对成长速度最快的500家企业的企业主进行深入访谈，并出版了专著《新企业的起源与演变》。在该书中，他从不确定性和投资两个维度构建了一个投资、不确定性与利润的动态模型。

毕海德教授强调，创业并不单纯指企业家或创业团队创建新的企业，大企业同样有创业行为。在这个模型中，毕海德教授将原创性的创业概括为五种类型，它们分别是边缘创业、冒险型创业、与风险投资融合的创业、大公司内部创业、革命性创业。其中，边缘创业占比极少，这里只对后四种类型进行对比，见表4-1。

表 4-1　不同创业类型的对比

对比项	冒险型创业	与风险投资融合的创业	大公司内部创业	革命性创业
创业的有利因素	①创业的机会成本低 ②技术进步等因素使创业机会增多	①有竞争力的管理团队 ②清晰的创业计划	①拥有大量的资金 ②创新绩效直接影响晋升 ③市场调研能力强 ④对研发的大量投资	①无与伦比的创业计划 ②财富与创业精神集于一身
创业的不利因素	①缺乏信用，难以从外部筹措资金 ②缺乏技术管理和创业经验	①尽力避免不确定性，又追求短期快速回报，市场机会有限 ②资源的限制	①企业的控制系统不鼓励创新精神 ②缺乏对不确定性机会的识别和把握能力	①大量的资金需求 ②大量的前期投入
获取资源	①固定成本低 ②竞争不是很激烈	①个人的信誉 ②股票及个人所得激励措施	①良好的信誉 ②资源提供者的转移成本低	富有野心的创业计划

续表

对比项	冒险型创业	与风险投资融合的创业	大公司内部创业	革命性创业
吸引顾客的途径	①上门销售和服务 ②了解顾客的真正需求 ③全力满足顾客需要	目标市场清晰	①信誉、广告宣传 ②关于质量服务等多方面的承诺	集中全力吸引少数大的顾客
成功基本因素	①企业家及其团队的智慧 ②面对面的销售技巧	企业家团队的创业计划和专业化管理能力	组织能力、跨部门的协调及团队精神	①创业者的超强能力 ②确保成功的创业计划
创业的特点	关注不确定性程度高、但投资需求少的市场机会	关注不确定性程度低的、广阔而且发展快速的市场和新的产品或技术	关注少量经过认真评估的有丰厚利润的市场机会，回避不确定性程度大的市场	在技术生产经营过程方面实现巨大创新，向顾客提供超额价值的产品和服务

（2）基于价值创造的分类

克里斯汀等人依照创业对市场和个人的影响程度，把创业分为四种基本类型，即复制型创业、模仿型创业、安家型创业和冒险型创业。

①复制型创业

这种创业模式是在现有经营模式基础上的简单复制。例如，某人原先担任某家电公司部门主管，后来他自行离职，创建了一家与原家电公司相似的新家电公司，且新组建公司的经营风格也基本与离职前的那家公司相同。现实中，这种复制型企业的例子特别多，且前期生产经营经验的积累使得新组建公司成功的可能性更高。但在这种类型的创业模式中，创新贡献较低，也缺乏创业精神的内涵，并不是创业管理研究的主流。

②模仿型创业

模仿型创业虽然也很少给顾客带来新创造的价值，创新的成分并不算太高，但对创业者事业的影响还是较大的。如某煤矿公司的经理辞职后，模仿别人新组建一家网络公司。相对而言，这种创业具有较大的不确定性，学习过程较长，经营失败的可能性也比较大。不过，如果是那些具备创新精神的创业者，只要能得到专门化的系统培训，注意把握市场进入契机，创业成功的可能性也比较大。

③安家型创业

这种形式的创业，是指创业者所从事的仍旧是原先熟悉的工作，并不断地在为市场创造新的价值，为消费者带来实惠。例如，企业内部的研发小组在开发完成一项新产品后，继续在该公司开发另一种新产品项目。安家型企业所强调的是个人创业精神的最大程度实现，而并不是对原有组织结构进行重新设计和调整。

④冒险型创业

冒险型创业模式，有可能给创业者带来巨大的成功，但由于是创造新价值的活动，失败的可能性也很大。尽管如此，因为这种创业预期的报酬较高，对那些充满创新精神的人而言，仍旧极富诱惑力。但是，它需要创业者较强的个人能力、适当的创业时机、合理的创业方案、科学的创业管理。具备这几个条件，才有可能获得成功。

（3）基于创业效果的分类

戴维森基于创业效果在组织层面和社会层面的产出，将创业分为四类：失败创业、催化剂式创业、重新分配式创业和成功创业。

组织层面和社会层面都是负的创业行为，属于失败创业，如破产了的污染企业；组织层面为负而社会层面为正的创业行为，属于催化剂式创业，如万燕 VCD 的创业，虽然失败，但催化出了中国一个巨大的新兴产业；组织层面为正而社会层面为负的创业行为，属于重新分配式创业，如目前国内钢铁行业的低水平重复建设；组织层面和社会层面都为正的创业行为，属于成功创业，如蜜雪冰城运用低价策略、加盟策略取得了企业、消费者和社会层面等的多赢效果。社会应该赞赏成功的创业，而重新分配式的创业不可避免，同时催化剂式的创业更需要鼓励。

（4）基于创业主体的分类

根据创业活动的主体差异，创业活动可以分为个体创业和公司创业。

个体创业，主要指与原有组织实体不相关的个体或团队的创业行为；而公司创业，主要指由已有组织发起的组织的创造、更新与创新活动。虽然在创业本质上，公司创业和个体创业有许多共同点，但是由于起初的资源禀赋不同、组织形态不同、战略目标不同等，二者在创业的风险承担、成果收获、创业环境、创业成长等方面有很大的差异，见表 4-2。

表 4-2　个体创业和公司创业的差异

个体创业	公司创业
创业者承担风险	公司承担风险，而不是与个体相关的生涯风险
创业者拥有商业概念	公司拥有概念，特别是与商业概念有关的知识产权
创业者拥有全部或大部分事业	创业者或许拥有公司的全部权益，也可能只是很小一部分
从理论上而言，对创业者的潜在回报是无限的	在公司内，创业者所能获得的潜在回报是有限的

续表

个体创业	公司创业
个体的一次失误，可能意味着职业生涯失败	公司具有更大的容错空间，能够吸纳失败
受外部环境波动的影响较大	受外部环境波动的影响较小
创业者具有相对独立性	公司内部的创业者更多受团队的牵扯
在过程、试验和方向的改变上，具有灵活性	公司内部的规则、程序和官僚体系，会阻碍创业者的策略调整
决策迅速	决策周期长
低保障	高保障
缺乏安全网	有一系列安全网
在创业主意上，可以沟通的人少	在创业主意上，可以沟通的人多
至少在初期阶段，存在有限的规模经济和范围经济	能够很快地达到规模经济和范围经济
严重的资源局限性	在各种资源的占有上都有优势

任务要求

根据上述学习内容，选择创业项目，结合创业实际情况，从充分的资源、可行的概念、适当的基本技能、有关行业的知识、才智、网络和关系、确定的目标几个方面分析，已经具备的创业条件，并提出进一步完善创业条件的可行性建议。要求每个小组结合中职生的实际情况，实事求是地进行分析与解读，制作PPT，在班级内进行分享。

任务分析

创业条件不是一个模糊的概念，而是支持创业的具体内容。在任何创业项目开启之前，创业者都必须对创业条件进行客观、全面的分析。本任务主要是让学生以自己选定的创业项目为对象，结合自身情况进行创业条件的分析，是一次具有实践意义的操作，可以让学生具象化对各个创业条件的认识，并提出完善创业条件的有关建议。

任务准备

1. 划分小组。
2. 成员分工。
3. 下载资料。

任务实施

1. 选择创业项目。
2. 进行创业条件分析。
3. 提出完善创业条件的建议。
4. 制作 PPT 分享，并进行讨论。

总结评价

综合运用个人自我评价、小组评价、教师总结评价等方法，对学习资源的阅读情况、理论知识的学习情况、能力达成情况以及任务完成质量进行总结评价。

改善提升

对学习项目各个环节完成情况进行复盘，总结经验与不足，提出改进意见和措施，进一步完善学习汇报材料。

◎ 课后巩固

一、单项选择题

1. 强调个人创业精神的最大程度实现，而不对原有组织结构进行重新设计和调整的创业类型是（　　）。

A. 安家型创业　　B. 冒险型创业

C. 模仿型创业　　D. 复制型创业

2. 在现有经营模式基础上进行简单复制的创业模式是（　　）。

A. 冒险型创业　　B. 复制型创业

C. 模仿型创业　　D. 安家型创业

3. 革命性创业的不利因素是（　　）。

A. 缺乏技术管理和创业经验　　B. 资源的限制

C. 企业的控制系统不鼓励创新精神　　D. 大量的资金需求

二、多项选择题

1. 创业必备条件包括（　　）。

A. 充分的资源、确定的目标　　B. 适当的基本技能、才智

C. 有关行业的知识　　D. 网络和关系

2. 个体创业的劣势有（　　）。

A. 低保障

B. 缺乏安全网

C. 在创业主意上，可以沟通的人少

D. 至少在初期阶段，存在有限的规模经济和范围经济

3. 公司创业和个体创业有许多共同点，但是起初的资源禀赋不同、组织形态不同、战略目标不同等，导致下面的哪些内容会产生差异？（　　）

A. 风险承担　　B. 成果收获

C. 创业环境　　D. 创业成长

三、判断题

1. 冒险型创业模式，有可能给创业者带来巨大的成功，但由于是创造新价值的活动，失败的可能性也很大。（　　）

2. 模仿型创业很少给顾客带来新创造的价值，创新的成分并不算太高。因此，只要创业就可以获得成功。（　　）

四、辨析题

你如何理解“习惯贫穷往往都有三个主要的特质：懒惰、不愿意改变、目标短浅”这一说法？

五、案例分析题

李某在中职毕业后，创办了一家以销售生鲜产品为主的超市。创业之初，经济效益显著。随着生意规模的扩大，资金的周转出现了问题。于是，李某开始向亲友借钱，从银行贷款。后来，受线上生鲜业务的兴起与区域内生鲜产品经营户数量的急剧增加等情况的影响，李某的经营额锐减，最终资金链断裂，创业失败。

李某在创业过程中哪些条件还不够成熟？应该如何在创业之初就完备创业条件？

实践活动 调研：中职生创业的优势与劣势分析

活动说明

创业是一门艺术，就像画画一样，每个人都能画，但不是每个人都能画得好，能称得上大师的只有那么几个。创业是一场关于人的胆识、智慧、情商加上执行力的综合考验，知己知彼，方能创业成功。

社会对创业者的要求不只是简单做好一份工作，一个优秀的创业者心里要装着整个项目，熟悉里面每一个构成元素，并且能够自由驾驭、战略规划、统筹调配，均衡内部关系，使之达到一个最具战斗力的状态。总而言之，创业是一门技巧性很强的艺术。

调研报告示例

中职生创业的优势与劣势分析

一、中职生创业的优势

1. 技能实践经验丰富

中职生在校期间，通过专业课程和实训操作，积累了丰富的技能实践经验。这些实践经验对于创业初期的产品制作、服务提供等方面具有显著的益处，能帮助创业者快速进入角色，减少摸索成本。

2. 创新思维活跃

中职生通常处于年轻、充满活力的阶段，他们对于新事物、新观念接受能力强，创新思维活跃。这种创新思维在创业过程中能产生许多新颖的想法和解决方案，有助于企业在激烈的市场竞争中脱颖而出。

3. 市场需求敏感度高

由于中职生通常贴近实际生产和服务领域，他们对于市场的需求和变化有着更加敏锐的感知。这种敏感度能帮助他们及时捕捉商机，调整产品和服务，满足客户需求。

4. 政策支持与引导

国家和地方政府对于中职生创业，通常会给予一定的政策支持和引导，如创业贷款、税收减免、培训指导等。这些政策的支持能降低创业门槛，为中职生创业创造更加有利的环境。

二、中职生创业的劣势

1. 资金有限

任何创业都必须认真考虑资金的筹备问题。但在实际运营过程中，大多数的创业中职生往往会面临着资金有限的问题。资金短缺可能会制约企业的发展速度和规模，甚至影响企业的生存。

2. 管理与运营经验不足

由于中职生通常缺乏系统的管理和运营经验，他们在创业过程中可能会遇到管理混乱、决策失误等问题。这些问题可能会导致企业运营效率低下，影响企业的长远发展。

3. 市场竞争压力大

随着市场的不断发展和竞争的加剧，中职生创业面临着来自各方面的竞争压力。缺乏核心竞争力和市场经验的他们，可能会在市场竞争中处于不利地位。

4. 创新风险防范意识低

虽然中职生的创新思维活跃，但他们的创新能力相对较低。他们在创业过程中，风险防范意识不足，盲目乐观，即使倾力投入，也可能会创业失败。

综上所述，中职生创业既有着明显的优势，也面临着一些不可忽视的劣势。在创业过程中，他们需要充分发挥自己的优势，同时不断克服劣势，努力提升自己的创业能力和综合素质，以便更好地应对市场的挑战和机遇。

任务四　创业能力测评

学习项目　创业能力自评

任务导入

创业可以实现人生的梦想，创业可以拥有更具挑战性的人生旅程，创业可以拥有更加多姿多彩的人生经历。每个人的内心，都有一个创业的梦。然而，创业之路坎坷多。创业者要想获得成功，只有激情和梦想是远远不够的，还应该对自身的创业能力进行客观、准确的评价。

那么，创业者应具备的基本素质与能力是什么呢？我们应如何对自己的创业能力进行评价呢？

任务目标

1. 了解创业者的基本素质。
2. 了解创业者应具备的能力。
3. 运用创业者能力自评问卷，了解自身是否具备创业者潜质。

知识要点

1. 创业者的基本素质

（1）创业意识

创业意识主要由创业需要、创业动机、个人兴趣、个人理想、个人信念、世界观等因素构成。强烈的创业意识是创业实践活动赖以开展的最初诱因和最初动力。一个人只有拥有强烈的创业意识，才能激活创业激情，产生克服艰难险阻的精神与坚强的意志，为了自己的理想坚持不懈地奋进。所以说，创业意识是影响创业活动的主观意识因素，缺乏强烈的创业意识的人不太适合创业。要想取得创业的成功，创业者必须具备自我实现、追求成功的强烈的创业意识。强烈的创业意识，不仅让创业者将创业目标作为自己的人生奋斗目标，而且可以帮助创业者克服创业道路上的各种艰难险阻。创业的成功是思想上长期准备的结果，事业的成功总是属于有思想准备的人，也属于有创业意识的人。

（2）身体素质

创业者的身体素质主要是指健康和精力两方面的内容。几乎所有的企业家都认为良好的身体素质是成功创业的第一大前提。在创业之初，受资金、环境等各方面条件的限制，许多事情都需要创业者亲力亲为。他们要不断地思考改进经营，加上工作时间长、巨大的风险与压力，若无充沛的体力、旺盛的精力、敏捷的思路，必然力不从心，难以承受创业重任。

（3）创业心理品质

创业之路，是充满艰险与曲折的。自主创业就等于是一个人去面对变幻莫测的激烈竞争，以及随时出现的需要迅速正确解决的问题和矛盾，这需要创业者具有非常强的心理调控能力，能持续保持一种积极、沉稳的心态，即有良好的创业心理品质。它是对创业者的创业实践过程中的心理和行为起调节作用的个性心理特征，它与人固有的气质、性格有密切的关系，主要体现在人的独立性、敢为性、坚韧性、克制性、适应性、合作性等方面，它反映了创业者的意志和情感。创业的成功在很大程度上取决于创业者的创业心理品质。正因为创业之路不会一帆风顺，所以，一个人如果不具备良好的心理素质、坚忍的意志，一遇挫折就垂头丧气、一蹶不振，那么，在创业的道路上是走不远的。宋代大文豪苏轼说：“古之成大事者，不惟有超世之才，亦必有坚韧不拔之志。”只有具有处变不惊的良好心理素质和愈挫愈强的顽强意志，才能在创业的道路上自强不息、竞争进取、顽强拼搏，才能从无到有、从小到大，闯出属于自己的一番事业。

2. 创业者应具备的能力

创业能力是一种特殊的能力，这种特殊能力往往影响创业活动的效率和创业能否成功。创业者应具备以下几项能力。

（1）组织指挥能力：建立有效快速的指挥机制，使各要素与环节准确无误地高效运转。

（2）谋略决策能力：通过各种渠道认真听取与分析各方面意见，并不失时机地作出科学合理的决策。

（3）创新创造能力：要有强烈的时代感和责任感，敢于开拓进取，不断创新，并保持思维的活跃。不断吸取新的知识和信息，开发新产品，创造新方法，使自己的事业不断充满活力和魅力。

（4）选人用人能力：能够知人善任，善于发现，使用和培养人才，充分调动他们的主观能动性。

（5）沟通协调能力：善于妥善安置、处理与协调各种人际关系，建立起和谐的内外部环境。

（6）社交活动能力：创业者在从事经济活动过程中，通过各种社会交往活动，扩大企业影响，提高企业的经济效益。

3. 创业能力自评

请根据自己的实际情况选择“是”或“否”，并计算总分。

（1）你父母或兄弟有过创业的经历吗？（是：加 1 分　否：减 1 分）

（2）在学校时，你学习成绩名列前茅吗？（是：减 4 分　否：加 4 分）

（3）在学校时，你是否喜欢参加群体活动，如俱乐部的活动或集体运动项目？（是：减 1 分　否：加 1 分）

（4）少年时代，你是否更愿意一个人待着，而不太喜欢和同学一起玩？（是：加 1 分　否：减 1 分）

（5）你是否参加过学校工作人员的竞选或者自己做生意，如卖柠檬水、出售贺卡？（是：加 2 分　否：减 2 分）

（6）你个性是否很倔强，不轻易改变？（是：加 1 分　否：减 1 分）

（7）你做事情很谨慎吗？（是：减 4 分　否：加 4 分）

（8）你小时候是否做过比较冒险或者具有挑战性的事情，并记忆深刻？（是：加 4 分　否：减 4 分）

（9）你的行为受别人的意见影响大吗？（是：减 1 分　否：加 1 分）

（10）改变固定的日常生活模式，是不是你创业的一个动机？（是：加 2 分　否：减 2 分）

（11）也许你很喜欢工作，但是你是否愿意晚上也工作？（是：加 2 分　否：减 6 分）

（12）你是否愿意随工作要求而延长工作时间，可以为完成一项工作而只睡一会儿，甚至根本不睡？（是：加 4 分　否；减 4 分）

（13）在你成功完成一项工作之后，你是否会马上开始另一项工作？（是：加 2 分　否：减 2 分）

（14）你是否愿意用你的积蓄创业？（是：加 2 分　否：减 2 分）

（15）你是否愿意把自己喜欢的书或者珍惜的东西与别人分享？（是：加 2 分　否：减 2 分）

（16）如果你的生意失败了，你是否会立即开始另一个？（是：加 4 分　否：减 4 分）

（17）如果你的生意失败了，你是否会立即开始找一个有固定工资的工作解决生计问题呢？（是：减 1 分　否：减 1 分）

（18）你是否认为作为一个企业家有很大风险，时刻面临失败和倒闭？（是：减 2 分　否：加 2 分）

（19）你是否规划好了自己长期和短期的目标？（是：加 1 分　否：减 1 分）

（20）你是否认为自己能以非常职业的态度对待经手的现金？（是：加 2 分　否：减 2 分）

（21）你是否很容易烦？（是：加 2 分　否：减 2 分）

（22）你是否很乐观？（是：加 2 分　否：减 2 分）

结果说明：

35 ～ 44 分 —— 绝对适合创业。

15 ～ 34 分 —— 非常适合创业。

0 ～ 14 分 —— 很有可能。

−1 ～ −15 分 —— 也许有可能。

−16 ～ −43 分 —— 不适合创业。

（以上测试仅供参考）

任务要求

创业能力自评可以为创业者提供借鉴与参考。利用网络，搜集创业能力自评问卷或工具，对自己的创业能力进行测评。要求每位学生都要记录创业能力评测结果，并围绕评测结果对自己在创业中的优势、劣势进行分析，并提出进一步扩大优势、弥补劣势的方法。

任务分析

网络上的创业能力自评问卷与工具较多，可以选择一种或两种进行自测，这既能提高学生的网络技术应用能力，又能引导学生对自己有一个全面正确的认知。学生根据自评结果，对自己的创业能力进行全面分析，可以使学生正视自身的优劣势，能认真思考如何将自己培养成为一名具备创业能力的创业者。

任务准备

1. 准备电脑。
2. 下载测评问卷或工具。
3. 准备记录的纸笔。

任务实施

1. 利用网络下载创业能力自评问卷，或使用在线自评工具进行自测。
2. 记录创业能力测评结果。
3. 围绕创业能力测评结果，基于创业的视角分析自身的优劣势。
4. 提出日后的发展思路与方法。
5. 每个小组推选 1 ~ 2 名学生制作 PPT，进行分享。

总结评价

综合运用个人自我评价、小组评价、教师总结评价等方法，对学习资源的阅读情况、理论知识的学习情况、能力达成情况以及任务完成质量进行总结评价。

改善提升

对学习项目各个环节完成情况进行复盘，总结经验与不足，提出改进意见和措施，进一步完善学习汇报材料。

◎ 课后巩固

一、单项选择题

1. 创业能力是一种特殊的能力，这种特殊能力往往影响创业活动的（　　）和创业能否成功。

A. 利益　　B. 效率

C. 收入　　D. 支出

2. 自主创业就等于是一个人去面对变幻莫测的激烈竞争，以及随时出现的需要迅速正确解决的问题和矛盾，这需要创业者具有非常强的（　　）。

A. 创业能力　　B. 心理调控能力

C. 创业意识　　D. 身体素质

3.（　　）是影响创业活动的主观意识因素，缺乏强烈的创业意识的人，不太适合创业。

A. 创业意识　　B. 个人素质

C. 创业能力　　D. 心理调控能力

二、多项选择题

1. 创业意识主要由（　　　　）和世界观等因素构成。

A. 创业需要　　B. 创业动机

C. 个人兴趣　　D. 个人理想

2. 创业的基本素质有哪些？（　　　　）

A. 创业意识　　B. 个人素质

C. 身体素质　　D. 创业心理品质

3. 创业者应具备组织指挥能力、谋略决策能力、（　　　　）。

A. 创新创造能力　　B. 选人用人能力

C. 沟通协调能力　　D. 社交活动能力

三、判断题

1. 心理的健康对企业家的成功尤其重要，它往往是一个人能够承受巨大压力的前提。（　　）

2. 创业的成功不需要思想上长期准备，事业的成功总是属于有思想准备的人，也属于有创业意识的人。（　　）

四、辨析题

说一说，在创业过程中，决定创业能否成功的最重要因素是智商，还是情商，抑或是逆商？

五、案例分析题

小洁在中职学校的园林专业毕业后，开启了创业之路。她的主营业务，是为客户提供上门绿植栽培与养护服务。创业之初，客户数量较少，小洁能得心应手、保质保量地完成相关工作。随着业务数量的增加，小洁感觉时间与精力都到达了极限。父母建议她招聘员工，满足业务增长需求。但是，她却决定走“精减路线”，每天限定业务数量，将更多的时间与精力放在服务质量的提升上。慢慢地，小洁开始将业务瞄准高端路线，即珍贵绿植的栽培与养护，经济收益翻倍。

你认为，小洁在创业过程中表现出哪些优秀的创业能力？这则案例给了你怎样的启示？

实践活动　辩论：创业机遇更重要还是能力更重要？

活动说明

古人常说，成事需要天时地利人和，能力和机遇是千百年来人们一直津津乐道的话题，二者在人生道路上缺一不可。那么，在创业过程中，机遇和能力哪个更重要呢？

请同学们参照前面实践活动中的辩论赛的组织，自主筹划一次辩论赛。

■ 任务五　创业流程与形式

学习项目　了解创业的流程与主要形式

任务导入

寒冬时节，某农业产业园内鲜花怒放，姹紫嫣红，一派生机勃勃的景象。该公司董事长正穿梭在花海中，与工人们一起整理花卉。

2007 年，他辞去广州的工作，回到延吉开始创业，把目光瞄准花卉行业，投资 3000 元支起了一个小小的街边摊位。创业之初，他选择售卖生命力顽强的多肉花卉产品，经过长时间的经营和探索，他的产品品种越来越丰富，经营场地也从移动摊位变为花卉市场里的自营者。

随着事业越做越大，他于 2017 年成立公司，建成以花卉产业为主导，集有机采摘、研学实践、休闲娱乐于一体的现代化农业产业园，实现了自己的创业梦想。

那么，中职生应如何开启创业之路呢？适合中职生创业的形式又有哪些呢？

任务目标

1. 了解创业流程。
2. 了解创业的主要形式。

知识要点

1. 创业流程

尽管企业的类型有很多种，但创办企业有共同的步骤和流程。如下面的创业流程图（图 4-1），可以给大家作为参考。

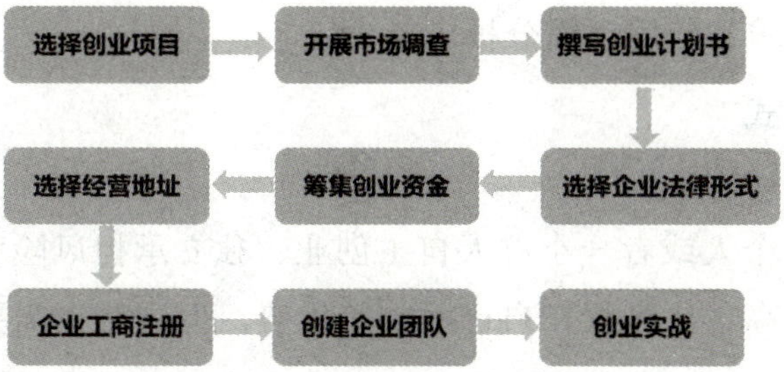

图 4-1　创业流程图

其中，市场调查是基础和关键环节，我们着重学习一下。

创业者选择好创业项目后，如果仅凭经验、阅历、兴趣去开展经营活动，将难以获得成功。只有通过市场调查获得市场信息，才能做好市场销售。市场调查在创业阶段是非常重要的。市场调查的主要内容有如下几点。

（1）经营环境调查

针对你经营的项目，国家有哪些政策法规？

你经营的项目的行业发展状况、行业规则是什么？

你经营这个项目时，社会经济发展状况如何？老百姓购买力如何？

你所在地区的人口状况、技术进步情况如何？

（2）产品情况调查

你的产品用途分析。

你的产品包装设计分析。

产品的价格分析和成本分析。

你的产品使用寿命怎样？

产品目前的消费情况分析。

（3）竞争对手调查

竞争对手的数量与规模如何？

竞争对手的分布和构成如何？

竞争对手的优缺点分析。

竞争对手的营销策略是什么？

（4）顾客情况调查

产品购买者是谁？

客户购买产品时，希望得到哪方面的满足？

顾客的年龄、性别、消费特点、消费标准分析。

顾客的数量和分布情况分析。

顾客对服务的需求和使用习惯分析。

2. 创业的主要形式

（1）独立创业

独立创业，是指个人或者一小群人自主创业、独立承担风险和责任的创业方式。独立创业具有灵活性高、决策权在自己手中等优势，但同时也需要面对较高的风险和不确定性。

①个人开设店铺或工作室

个人开设店铺或工作室是一种常见的独立创业方式。比如，开设餐厅、服装店、美容院等。个人开设店铺需要具备一定的行业经验和管理能力，同时需要解决资金、招聘和市场竞争等问题。

②自由职业

自由职业，是指个人根据自己的技能或专长、以个体户的形式从事某种职业。如自由撰稿人、独立设计师、自由咨询顾问等。自由职业的优势在于时间和地点的自由，但也需要自己不断提升能力，并且要面临开发客户和市场需求变动等挑战。

（2）合伙创业

合伙创业，是指两个或多个人共同创业、共同承担风险和责任、共享收益的创业方式。合伙创业的优势在于，可以集合不同的资源和能力，但也需要面对合伙人之间的合作和决策问题。

①技术合伙

技术合伙是指一个拥有核心技术或专业技能的人与其他人合作共同创业。他可以为创业公司提供独特的技术支持和价值，而其他合伙人则负责市场营销、管理等其他方面。技术合伙创业需要做好技术转化和商业化的衔接。

②资金合伙

资金合伙是指一个或多个投资者为创业项目提供资金支持，并与创业者共同分享项目收益。资金合伙创业需要投资者具备对创业项目的了解和风险承受能力，而创业者则需要向投资者提供可行性和回报的保证。

（3）加盟

加盟是指个人或团队选择加入一个已经成熟的品牌、企业或组织，成为其一员，并通过其进行经营的创业方式。这种方式通常由有一定的实力和经验的企业自己开展，创业者加盟可以借助其品牌、管理和市场等优势进行经营。

①加入公司成为员工或合作伙伴

加入一家公司成为员工或合作伙伴是一种常见的创业方式。通过加入一家已经成立的公司，个人可以利用公司的资源和平台进行创业，降低创业风险。但需要注意，选择一家具有潜力和发展空间的公司。

②加入连锁店成为加盟商

加入连锁店成为加盟商是一种相对成熟的创业方式。个人或团队可以选择加盟一个已经成功的连锁品牌，并成为其区域代理、加盟商或特许经营商。这样可以借助品牌知名度和运营经验进行创业，但需要支付加盟费和严格遵守连锁总部的规定。

任务要求

在认真学习创业的流程与形式以后，结合自身实际情况，选定创业项目，明确创业形式，制定创业流程图，细化各个环节的具体任务。在创业流程中，要充分体现市场调查、创业计划书撰写、企业法律形式选择、创业资金筹集、经营地址选择、企业工商注册以及组建创业团队等关键信息。每个小组中的成员都要参与到“创业”过程中来。各小组将上述内容呈现到PPT上，在班级内进行分享。

任务分析

创业的过程是一个反复思考后投入实际行动的过程。本任务让学生模拟创业流程，并让他们对流程中的各个环节有深入的了解。制作PPT，并进行分享，促使学生规范创业流程环节，重视此项任务的完成。

任务准备

1. 划分小组。
2. 成员分工。
3. 选择项目。

任务实施

1. 选择创业项目。
2. 开展市场调查。
3. 撰写创业计划书。
4. 选定企业形式。
5. 制订创业资金筹集方案。
6. 选择经营地址。
7. 组建创办团队。
8. 制作PPT，进行分享。

总结评价

综合运用个人自我评价、小组评价、教师总结评价等方法，对学习资源的阅读情况、理论知识的学习情况、能力达成情况以及任务完成质量进行总结评价。

改善提升

对学习项目各个环节完成情况进行复盘，总结经验与不足，提出改进意见和措施，进一步完善学习汇报材料。

◎ 课后巩固

一、单项选择题

1. 独立创业是指个人或者一小群人自主创业，独立承担风险和责任的创业方式。独立创业具有（　　）、决策权在自己手中等优势，但同时也需要面对较高的风险和不确定性。

A. 利润高　　B. 自己轻松

C. 展现自己　　D. 灵活性高

2. 合伙创业是指两个或多个人共同创业，共同承担（　　）、共享收益的创业方式。

A. 责任　　B. 风险和责任

C. 利益　　D. 风险

3. 资金合伙是指一个或多个投资者为创业项目提供资金支持，并与创业者共同分享（　　）。

A. 项目收益　　B. 技术

C. 公司管理　　D. 公司决策

二、多项选择题

1. 市场调查包括哪些内容？（　　）

A. 经营环境调查　　B. 产品情况调查

C. 竞争对手调查　　D. 顾客情况调查

2. 竞争对手调查包括哪些内容？（　　）

A. 竞争对手的数量与规模如何　　B. 竞争对手的分布和构成如何

C. 竞争对手的优缺点分析　　D. 竞争对手的营销策略是什么

3. 顾客情况调查包括哪些内容？（　　）

A. 产品的购买者是谁

B. 他们购买产品希望得到哪方面的满足

C. 顾客的年龄、性别、消费特点、消费标准分析

D. 顾客对产品的满意程度

三、判断题

1. 技术合伙是指一个拥有核心技术或专业技能的人与其他人合作共同创业。他可以为创业公司提供独特的技术支持和价值，而其他合伙人则负责市场营销、管理等其他方面。技术合伙创业需要做好技术转化和商业化的衔接。（ ）

2. 个人开设店铺或工作室是一种不常见的独立创业方式。（ ）

3. 合伙创业的优势在于可以集合不同的资源和能力，但也需要面对合伙人之间的合作和决策问题。（ ）

四、辨析题

目前，市场上有很多创业代理公司。你认为创业代理公司存在的价值是什么？

五、案例分析题

在不久前的某展会上，一家生产浴箱的公司列出的加盟条件是，不收加盟费，只需购买他们的机器，并一次进货30台，就可取得县一级的招商加盟市场代理权，这意味着有了发展下线加盟者的权利。他们虽喊出了免收加盟费的口号，打的却是购机加盟的主意。

你认为此加盟创业项目的安全性是否有保障？

实践活动 创业规划：我的创业规划书

活动说明

每一位创业者或者准备创业者，在创业之初都会对创建企业的发展方向以及经营思路有一个粗略的设想，但如果把这一设想编写成规范的创业规划书，则会发现自己要从事的事业并非如所设想的那样容易。比如，会遇到资金不足或市场增长率低等问题，有些时候还不得不放弃创业的念头。创业规划可以使创业者严格地、客观地、全面地从整体角度审视自己的创业思路，明确经营理念，以避免企业破产或创业失败导致的巨大损失。

在研究和编写创业规划书的过程中，经常会发现经营机会并不完全与所期望的一样。此时，创业者会根据实际情况采用不同的策略使创业活动更加可行。因此，创业规划书的编写过程，就是创业者进一步明确自己的创业思路和经营理念的过程，也就是创业者从直观感受向理性运作过渡的过程。

活动示范

我的创业规划书

一、创办企业的基本情况

1. 企业名称：广式汤品店。

2. 行业类型：服务。

3. 行业发展前景：上海拥有巨大的饮食消费市场，有许许多多喜好美食的人。汤品尤其深受人们的喜爱，其中港澳台及广东人更是如此。

4. 主要产品（服务）和经营范围：广式汤品。

5. 创业者个人情况：本人喜爱各种美食。

6. 创业基本条件：项目拟定——广式汤品店；资金自筹；场地定于步行街。

7. 目前存在的困难以及解决办法：目前存在的困难是资金不足，打算自筹资金。

二、项目的市场分析

1. 选择项目的理由：汤品市场尚待开发，属于朝阳行业，健康的美食是人们乐于接受的。

2. 选择场地的理由：步行街位于成熟小区及商业圈附近，便于发展客户群，扩展市场。

3. 市场调查的基本情况：上海的饮食市场流行各类排档、小吃，茶楼有特定的经营项目，没有特色汤品，而各家饭馆、酒店基本只售家常小菜，与本项目并无冲突。

步行街（200～500 米半径范围内），居民住户 1000 户左右，属工薪阶层，大都消费能力较好。生活商圈（500～1000 米半径范围内），高档住宅区，居民住户 400 户左右，消费观念前卫，消费层次高。商圈附近（1000～2000 米半径范围内），闹市区约有 3000 户居民住户，各种小吃类型众多，没有汤品特色小吃。另外，居住和生活在上海的人普遍重视生活质量，尤其重视饮食质量。总体而言，市场潜力巨大。

4. 目标客户分析：目标客户锁定为门店周围的住户群以及工作群，客户大都为工薪阶层以及商人、游客、学生。上述客户都具备一定的消费能力。只要服务价格定位适中，相信能得到客户的认同。

5. 竞争对手分析：步行街附近有两家酒店、三家小吃店，若干家特色餐饮店，如吉祥馄饨、肯德基、麦当劳、克里丝汀西饼店，说明此地消费能力很强，是商家必争之地。虽然有众多的竞争对手，但我们的服务项目不同，所以这些竞争对手从同业竞争上而言，并不成为对手。

6. 产品（服务）的市场定位：服务定位于餐饮行业的中档价格，以优质的产品以及优质的服务来赢得客户。

三、市场营销

1. 产品服务：特色产品，成本价销售。

沙参玉竹粟米老鸡汤，营养、可口、美味、滋补，16 元。

竹笋莲子石斑鱼汤，鲜美、营养丰富、滋补、养颜，18 元。

火腿冬菇鸡蒸饭，营养丰富、鲜美可口，15 元。

2. 促销方式：会员制、假期优惠制、礼品促销制、送货上门、广告促销制。

3. 分销渠道：通过增设门店组成连锁。

4. 竞争有利条件：相关行业相对较少，有自己的特色，在成熟商圈发展容易吸引客户。

四、企业组织机构和管理措施

1. 企业组织机构（表 5-1）。

表 5-1　企业组织机构

编号	岗位名称	人数	岗位工作内容	薪资（元）	其他
1	店主兼经理	1	全权负责	5000	
2	厨师	2	菜品烹制	6000	
3	服务员	2	送货及大堂服务	3000	

2. 企业管理措施：采用考勤制和赔偿制、提成制，有利于提高员工的工作积极性。

五、经济分析

1. 投资额预算。

（1）加盟投资 5 万元。其中，加盟费 2 万元，保证金 2 万元，广式汤品餐饮用具购置费用 1 万元。

（2）流动资金预测。①开办费 1.8 万元，包括广告宣传 0.4 万元，装修 1.4 万元。②添置店内柜台及汤品原材料 1 万元。③ 3 个月开支流动资金预计 9.5 万元，其中租金 1.2 万元，工资 6.9 万元，日常开支 0.9 万元。④不可预计费用 0.5 万元。

2. 资金筹措：积蓄和借贷。

六、风险因素及防范措施

1. 风险因素分析。

（1）场地选择风险较大。

（2）人员使用。

（3）产品质量的保证。

（4）对目标人群消费能力的评估。

2. 风险防范措施。

（1）场地可请专业人士进行挑选。

（2）人员使用上要认真筛选，定期进行培训。

（3）产品质量要从源头上把关，认真做好每道工序。

（4）做好充分的市场调研，对目标人群的消费能力有准确的预估。

七、企业开办期经营目标

1. 根据市场预测，开业后 3 个月内，尽力完成日均售出量达到 300 份，第 6 ～ 9 月完成 900 份。第一年能稍有盈余，着力于稳定客户、培养会员、完善企业制度。

2. 第二年和第三年以发展为主，发展个人消费的同时挖掘团体消费，增加营业额，积累资金，以便开发其他门店。

任务六 申请创业项目与组建团队

学习项目 如何申请创业项目与组建团队

任务导入

好的创业项目是创业成功的关键因素之一。创业项目申请需要提供完善的资料，并做好充足的准备。完成了创业项目申请，就要组建创业团队。

创业不是单打独斗，好团队同样是成功的关键因素之一。永远相信团队的力量。成功没有捷径，但团队的集思广益、群策群力绝对是成功的催化剂。能和志同道合的伙伴们勠力同心拼搏奋进，在我看来是一件超酷的事。

那么，不同的创业项目申请，需要准备哪些资料，进行哪些流程呢？创业团队的组建又需要哪些方法呢？

任务目标

1. 了解创业项目申请应准备的材料。
2. 了解创业项目申请的办理流程。
3. 了解创业团队的组建方法。
4. 了解创业团队的组建流程。

知识要点

1. 创业项目申请应准备的材料和办理流程

（1）个体工商户

①需要准备的材料

经营者签署的个体工商户注册登记申请书；

托付代理人办理的，还应提交经营者签署的《托付代理人证明》及托付代理人身份证明；

经营者身份证明；

经营场所证明；

《个体工商户名称预先核准通知书》（设立申请前已经办理名称预先核准的须提交）；

申请登记的经营范围中有法律、行政法规和国务院确定规定必须在登记前报经批准的项目，应当提交有关答应证书或者批准文件；

申请登记为家庭经营的，以主持经营者作为经营者登记，由全体参与经营家庭成员在《个体工商户开业登记申请书》经营者签名栏中签字予以确认，提交居民户口簿或者结婚证复印件作为家庭成员亲属关系证明，同时提交其他参与经营家庭成员的身份证复印件；

国家市场监督管理总局规定提交的其他文件。

②办理流程

第一步：申请

申请人或者托付的代理人可以直接到经营场所所在地登记机关登记。

登记机关托付其下属工商所办理个体工商户登记的，到经营场所所在地工商所登记。

申请人或者其托付的代理人，可以通过邮寄、传真、电子数据交换、电子邮件等方式，向经营场所所在地登记机关提交申请。通过传真、电子数据交换、电子邮件等方式提交申请的，应提供申请人或者其代理人的联络方式及通信地址。对登记机关予以受理的申请，申请人应自收到受理通知书之日起5日内，提交与传真、电子数据交换、电子邮件内容一致的申请材料原件。

第二步：受理

对于申请材料齐全、符合法定形式的，登记机关应受理。

申请材料不齐全或者不符合法定形式，登记机关应当场告知申请人需要补正的全部内容；申请人根据要求提交全部补正申请材料的，登记机关应受理。

申请材料存在可以当场更正的错误的，登记机关应允许申请人当场更正。

登记机关受理登记申请，除当场予以登记的外，应发给申请人受理通知书。

对于不符合受理条件的登记申请，登记机关不予受理，并发给申请人不予受理通知书。

申请事项依法不属于个体工商户登记范畴的，登记机关应即时确定不予受理，并向申请人说明理由。

第三步：审查和确定

登记机关对确定予以受理的登记申请，依据以下状况分别作出是否准予登记的确定。

A. 申请人提交的申请材料齐全、符合法定形式的，登记机关应当场予以登记，并发给申请人准予登记通知书。

依据法定条件和程序，需要对申请材料的实质性内容进行核实的，登记机关应指派两名以上工作人员进行核查，并填写申请材料核查状况报告书。登记机关应自受理登记申请之日起 3 个工作日内，作出是否准予登记的确定。

B. 对于以邮寄、传真、电子数据交换、电子邮件等方式，提出申请并经登记机关受理的，登记机关应自受理登记申请之日起 3 个工作日内，作出是否准予登记的确定。

C. 登记机关作出准予登记确定的，应发给申请人准予个体工商户登记通知书，并发给申请人营业执照。

不予登记的，应发给申请人个体工商户登记驳回通知书。

（2）个人独资企业

①需准备的材料

投资人签署的《个人独资企业登记（备案）申请书》；

投资人身份证明；

投资人托付代理人的，应提交投资人的托付书原件和代理人的身份证明或资格证明复印件（核对原件）；

企业住宅证明；

《名称预先核准通知书》（设立申请前已经办理名称预先核准的须提交）；

从事法律、行政法规规定须报经有关部门审批的业务的，应提交有关部门的批准文件。

国家市场监督管理总局规定提交的其他文件。

②办理流程

第一步：申请。由投资人或者其托付的代理人向个人独资企业所在地登记机关申请设立登记。

第二步：受理、审查和确定。登记机关应在收到全部文件之日起3个工作日内，作出核准登记或者不予登记的确定。予以核准的发给营业执照；不予核准的，发给企业登记驳回通知书。

（3）合伙企业

①需要准备的材料

全体合伙人签署的《合伙企业登记（备案）申请书》；

全体合伙人的主体资格证明或者自然人的身份证明；

全体合伙人指定代表或者共同托付代理人的托付书；

全体合伙人签署的合伙协议；

全体合伙人签署的对各合伙人缴付出资确实认书；

主要经营场所证明；

《名称预先核准通知书》（设立申请前已经办理名称预先核准的须提交）；

全体合伙人签署的托付执行事务合伙人的托付书；执行事务合伙人是法人或其他组织的，还应提交其委派代表的托付书和身份证明复印件（核对原件）；

以非货币形式出资的，提交全体合伙人签署的协商作价确认书或者经全体合伙人托付的法定评估机构出具的评估作价证明；

法律、行政法规或者国务院规定设立合伙企业须经批准的，或者从事法律、行政法规或者国务院决定规定在登记前须经批准的经营项目，须提交有关批准文件；

法律、行政法规规定设立特别的一般合伙企业，需要提交合伙人的职业资格证明的，提交相应证明；

国家市场监督管理总局规定提交的其他文件。

②办理流程

第一步：申请。由全体合伙人指定的代表或者共同托付的代理人向企业登记机关申请设立登记。

第二步：受理、审查和确定。申请人提交的登记申请材料齐全、符合法定形式，企业登记机关能当场登记的，应予当场登记，并发给合伙企业营业执照。

除前款规定情形外，企业登记机关应自受理申请之日起3个工作日内，作出是否登记的确定。予以登记的，发给合伙企业营业执照；不予登记的，应给予书面答复，并说明理由。

2. 创业团队的组建方法

（1）设计团队架构

一个有利于创业型公司发展的团队架构，可以让整个创业团队直指目标、快速地发展，团队成员之间的协作也会更加轻松。初创公司一般可用人力较少，提倡扁平化的精简事业部架构，这样的架构是创业型公司最优先的选择。

我们根据已经设计好的组织架构，确定每个职能部门的岗位分工，做好各个岗位的定岗定编工作，出具基本的岗位说明书，描述各岗位需求的人才特征。

根据团队各个职能的重要程度，各职能岗位可分成核心、骨干、普通三种。

（2）合理分配利益

根据组织架构及职能岗位分层的不同，设定一套分配合理、有竞争性、有吸引力的利益分配方案，既让各职能岗位好招人，又使员工有主观的积极性。切记，不同的利益分配方式及数额对员工要加以保密。

（3）找到合适的人

真正重要的核心人才，很多都是可遇而不可求的。大家在创业起步前，一定要做好核心团队资源的储备，形成团队的人才核心竞争力。

利用当前的各种招聘渠道、定向挖人或者熟人介绍等方法进行人才的招募。通过简历、面谈、背景调查等方式了解目标对象，经过招聘筛选的过程，找到适岗的人才，再予以试用。

（4）团队紧密沟通

团队刚刚组建，只是完成了聚人这一步，同时也意味着成本的增加。为了团队能发挥出每个人的价值，创业者一定要与整个团队保持紧密的沟通，即使对基层员工，也要从事情上去观察他们是否适才适岗。紧密沟通，可以让创业者深入地识人、开发团队人才、找到问题的关键、做好各项工作的细节。

（5）培育团队人才

要注重人才的培养，经常开展业务培训、产品培训、技能培训、新人培训等，让新人能尽快地开始基础工作，让业务水平不好的员工能快速提升，让团队成员通过培训都能胜任自己的工作。

（6）凝聚团队人心

团队成员之间要建立一个紧密的依存关系，包括工作关系和私人感情关系两种。让工作和生活能更多地融合，大家为公为私一条心，荣辱与共，不冲突、不私单。要创造一个轻松自由、积极进取的工作氛围，让大家在这个团队里都能有归属感，能为自己是团队的一分子而感到自豪。

（7）团队要统一思想

要让大家知道，这项事业是前途无量的事业。虽然是创业型的公司，但是公司是行业里的黑马，各种制度都完善，各种资源也都齐全。每个人都要知道团队的整体大目标、自己的小目标，明白自己的岗位职责，知晓协作同事的岗位职责，合规工作、能担当己任。制定务实、可落地的企业文化，让企业文化走进每个人的内心，得到大家的认同。自己做好榜样，带领团队时刻践行着这些企业文化。

（8）团队要统一行动

养兵千日，用兵一时，工作行动要听统一指挥。为了实现更高的工作效率，行动要有目标、有方法、有标准、有考核。目标未达成要复盘，方法不对改策略；标准不行调标准，考核不合理就优化；态度不好改思想，行动不力要上下都问责。

3. 创业团队的组建流程

（1）明确团队目标与定位

创业者首先要明确自己的团队目标和定位。这包括确定企业的使命、愿景和价值观，以及团队在市场中的定位和竞争优势。明确的目标和定位有助于团队成员形成共同的价值观和行动方向，从而更好地协作和发展。

（2）招募合适的团队成员

招募合适的团队成员是组建高效团队的关键。创业者需要根据企业的需求和定位，寻找具有相应技能和经验的人才。在招募过程中，要注重候选人的能力、性格、价值观以及与企业文化的契合度。同时，创业者还需要关注团队成员之间的互补性和协同效应，确保团队成员能相互支持、共同成长。

（3）建立有效的沟通机制

沟通是团队协作的基石。创业者需要建立有效的沟通机制，确保团队成员之间的信息流通畅通无阻。这包括定期召开会议、使用项目管理工具、建立沟通渠道等。通过有效的沟通，团队成员之间可以更好地了解彼此的工作进展、问题和需求，从而及时调整自己的工作计划和策略。

（4）培养团队文化与凝聚力

团队文化和凝聚力是团队高效运作的重要保障。创业者需要注重团队文化的培养，倡导积极向上的工作氛围、鼓励创新和担当精神。同时，创业者还需要关注团队成员的成长和发展，提供培训、晋升机会等支持。这些措施可以增强团队成员的归属感和凝聚力，提高团队的整体绩效。

（5）制定合理的激励机制

激励机制是激发团队成员积极性和创造力的重要手段。创业者需要根据团队成员的贡献、能力和需求，制定合理的薪酬、奖金、晋升等激励机制。这些机制应既能激励团队成员努力工作、追求卓越，又能够保持团队的稳定和可持续发展。

（6）持续优化团队结构与运作

随着企业的发展和市场环境的变化，团队结构和运作方式也需要不断调整和优化。创业者需要定期评估团队的运行状况，发现问题并及时进行调整。这包括优化团队成员的配置、改进工作流程、引入新的管理理念和方法等。通过持续优化团队结构与运作，可以确保团队始终保持高效、灵活和竞争力。

任务要求

认真学习创业项目的申请流程，以小组为单位选择一个创业项目，梳理并论述在本区域内办理创业项目的具体流程，并根据项目需要组建创业团队。要求创业项目申请流程应具体到办理的时间、地点、要求以及资料的准备等，并完善相关资料。要求创业团队的组建，应涵盖组织架构、部门组成、岗位与职责、工作制度、薪酬待遇等关键信息。

任务分析

创业项目申请流程需要切实地走完整个环节，才能对每个环节的具体要求有更为深刻的认识。建议学生在申请创业项目时，要根据项目的推进，细化各个环节，挖掘各个流程环节中存在的问题。组建创业项目团队则要立足于事实，以项目目标为导向，分析项目目标的具体要求与可靠化建议。

任务准备

1. 划分小组。
2. 成员分工。
3. 准备电脑。

任务实施

1. 选择创业项目。
2. 进行创业项目模拟申请。
3. 完善创业项目申请资料。
4. 组建创业项目团队。
5. 细化创业团队的岗位、职责与具体要求。
6. 确定管理制度与薪酬机制。
7. 制作 PPT，进行分享。

8. 各小组就分享的内容进行交流。

总结评价

综合运用个人自我评价、小组评价、教师总结评价等方法，对学习资源的阅读情况、理论知识的学习情况、能力达成情况以及任务完成质量进行总结评价。

改善提升

对学习项目各个环节完成情况进行复盘，总结经验与不足，提出改进意见和措施，进一步完善学习汇报材料。

◎ 课后巩固

一、单项选择题

1. 根据团队各个职能的重要程度，各职能岗位可分成（　　）、骨干、普通三种。

A. 股东　　B. 领导

C. 核心　　D. 员工

2. 对于不符合受理条件的登记申请，登记机关不予受理，并发给申请人（　　）。

A. 不合格通知书　　B. 不予受理通知书

C. 修改通知书　　D. 合格的登记通知书模板

3. 申请材料不齐全或者不符合法定形式，登记机关应当场告知申请人需要补正的全部内容，申请人根据要求，提交全部补正申请材料的，登记机关应（　　）。

A. 退回　　B. 不处理

C. 检查材料　　D. 受理

二、多项选择题

1. 创业者需要根据团队成员的贡献、能力和需求，制定合理的（　　　）等激励机制。

A. 福利　　B. 薪酬

C. 奖金　　D. 晋升

2. 创业者需要明确自己的团队目标和定位。这包括确定企业的（　　　　），以及团队在市场中的定位和竞争优势。

A. 使命　　　　　　　　　　B. 市场定位

C. 愿景　　　　　　　　　　D. 价值观

3. 对于以（　　　　）等方式提出申请并经登记机关受理的，登记机关应自受理登记申请之日起 3 个工作日内，作出是否准予登记的确定。

A. 电子邮件　　　　　　　　B. 邮寄

C. 传真　　　　　　　　　　D. 电子数据交换

三、判断题

1. 要注重人才的培养，经常开展业务培训、产品培训、技能培训、新人培训等，让新人能尽快地开始基础工作，让业务水平不好的员工能快速提升，让团队成员通过培训都能胜任自己的工作。（　　）

2. 一个有利于创业型公司发展的团队架构，可以让整个创业团队直指目标、快速地发展；团队成员之间的协作也会更加轻松。（　　）

3. 制定合理的薪酬、奖金、晋升等激励机制，可以激发团队成员积极性和创造力。（　　）

四、辨析题

说一说，你是如何理解“生意不做熟人，干活不找亲戚”这句话的。

五、案例分析题

某单位下岗人员张某，在朱某提议下，倾其所有，与朱某合伙办厂生产酱醋。工厂因产品质量差、成本高，出现了较大的亏损。张某遂埋怨、责备朱某，提出退伙，遭拒绝后，与朱某对簿公堂。

你认为，张某在组建创业团队时犯了什么错误？组建创业团队有哪些注意事项？

实践活动　调研：学生创业的典型案例

活动说明

新东方的创始人俞敏洪，在创业初期独自上街发广告。格力集团的董事长董明珠，曾只身闯荡珠海。苹果公司的创始人乔布斯，曾为了创业卖掉了自己的车。如果他们当初因为种种原因放弃了自己的梦想，那么后来也不会取得这么大的成就。

年轻人要有自己的梦想，为了梦想，要不懈努力。年轻就是资本，梦想就是基石。只要你肯奋斗，最初的梦想就一定可以实现。

每一位有志于创业的中职生，都要勇于开拓进取，发现时机，抓住时机，成就自己的创业梦想。

活动示范

郭敬佩：3000 元开自行车租车行，赚 60 万元

投资 3000 元开自行车租车行，盈利 60 万元，湖北工业大学的郭敬佩俨然成为大学生创业“神话”。毕业季启幕，校园里的每一场创业分享会都不想错过他。主管学院创业工作的谭蔚老师笑言“他已是声名远扬”。实现 200 倍收益的创业故事在校园里的确够“传奇”。只因在人海中多关注了一眼“单车”，郭敬佩的大学 4 年就打上了“单车迷”烙印——2012 年开自行车租车行，2014 年转向创办自行车资讯互动网站。

相比拥有自行车固定资产的租车行，创办网站简直“烧钱”——从线上研发、线下活动，到公司大小事宜、员工薪水，都是很大的花销。一旦不成功，一切都将化为乌有的风险，让郭敬佩“没有退路，只能一路向前”。历经艰辛，郭敬佩更愿意说，“这一次，才终于开始了真正意义上的创业”。

3000 元起步的创业神话

郭敬佩出生于河北衡水一个商人之家，父亲开了一家当地最大的面粉厂。从小耳濡目染，郭敬佩一直心怀创业梦，跨入大学校园，他暗暗给自己定下了目标：首先要顺利毕业，其次是在校期间开家公司，毕业前开上一辆比亚迪“F0”。这款车当时的售价是 2.99 万元，“不想依靠家里，为了凑足这笔钱我总得干点什么”。

学习艺术设计的郭敬佩最早也产生过开家广告公司或装修公司的想法，但思前想后，“有太多类似的公司了，打开市场太不容易”。

对创业的关注，让他把握了先机。大一到安徽黄山写生时，喜欢户外骑行的他注意到一个现象：当地提供自行车租赁的店很少，而且租金很高。回到武汉，郭敬佩开始在学校周边转悠，“高校密集的武汉有广阔的自行车租赁市场，却缺少好的租车服务公司”，他为自己的发现欣喜不已。

“我们开一家租车行吧。”郭敬佩在寝室“卧谈会”上说出了自己的想法。室友们纷纷叫好，可最后敢于筹钱实干的只有郭敬佩一个人。他从家里借了 3000 元，买了 10 辆普通自行车，在学校附近租了一间小店面，通过张贴小广告吸引顾客前来，每辆车每天租金 15 元。最初，他每天早上 6 点钟就匆忙赶去车行，晚上小店关门再回宿舍往往已经到了门禁时间。就这样，仅仅一个月时间，他就把 3000 元的本金全部挣了回来。

“这个生意可做！”摸到门道的郭敬佩开始雇人帮忙，除去工资和房租，他把其他的钱全部用来扩大车行规模。处于上升期的市场给了郭敬佩一个成长的空间。自行车数量从20辆增加到100辆，再增加到300辆，档次也从最初的一两百元一辆，提高到后来几千元一辆的都有。

自行车被盗的现象在校园里屡见不鲜，更何况是几千元一辆的高档自行车。“再好的防盗措施，也挡不住偷车贼的惦记。”郭敬佩想到了一个两全其美的方法，“我把所有自行车的锁都卸掉，这样做不仅节约了给自行车安防盗锁的成本，而且因为没有锁，租车人就会做到车不离人，也防止了被盗现象。”从此，郭敬佩再也没有丢过一辆自行车。

为了提高租车行的知名度，郭敬佩积极和各高校的社团开展合作，为社团的户外活动免费提供自行车。郭敬佩的业务越做越大，还增添了露营设备租赁等业务，除去人力成本和车辆维修清洗费用等，他不仅还清了家里支持的费用，还拥有了一批固定资产。在谭蔚老师眼中，这是校园里一位难得的“眼界开阔者”，“他和其他学生创业者不同的是，他不是为了玩玩票、赚点零花钱换个苹果手机，而是把创业当作事业在做”。

单纯的租车盈利模式的脆弱性逐渐显露，易被复制的租车模式让郭敬佩开始思考后续的发展。后来，他尝试向更专业的户外骑行业务发展，开始提供帐篷等露营设备租赁，把盈利重心放到专业爱好者的身上。

大三那年，郭敬佩已拥有了150辆山地车，附带出租的帐篷等露营设备达30套，在武昌、洪山等10余所高校设立了租车点。一年的时间，租赁业务带来的销售收入超过30万元。

长途骑行带来的创意与释放

张腾是郭敬佩的班长，也是他在班上最好的朋友。在张腾眼里，郭敬佩积极向上、具有掌控能力。实际上，创业的每一天，郭敬佩都身处高压状态，但无论如何他总能给身边人带来“积极、乐观、好脾气”的印象。

掌控情绪，郭敬佩有自己的一套方法，“来一段长途骑行，一路上静到只能和自己对话”。每逢不堪重负时，他都会投入一段长途骑行，在释放压力中思考未来。从武汉到咸宁、宜昌、长沙甚至老家河北，他在一路的骑行中迸发了新的创意。比如，在单车租赁之外，增加露营的项目，还有，就是创办“单车迷”网站。

武汉的租车市场渐渐趋于饱和，租车行生意如何发展，成为困扰郭敬佩的一道难题。有一年的春节，郭敬佩选择从武汉骑行回几百千米之外的河北老家。在路上，他想起从武汉骑行到长沙的经历，那是他第一次长途骑行，并且带了很多东西，但等到车胎爆了的时候才发现，真正需要的东西都没有准备。创建一个平台，打造服务于“单车迷”的网络之家的想法随之产生。

受互联网汽车营销平台“汽车之家”的启发，他发现，目前国内还没有供单车爱好者交流的专业平台，于是他决定办一家专业的自行车资讯互动网站。

郭敬佩说，在普通人眼里，自行车只是代步工具，而在骑行爱好者眼中，自行车从品牌到配件，从保养到维修，有很多值得分享交流的话题，单车迷们“迷”的就是这些。“比如，有人打算从武汉骑车到拉萨，他需要准备备胎、打气筒等备用工具，还要提前计划好路线和露营地点。如果把相关的整车、配件销售植入进来，就能达到宣传和推广的目的。”

通过在北京风投公司工作的姐姐，郭敬佩认识了一位同样爱好骑行的天使投资人。递交商业策划书后，几轮交流下来，他获得了200万元的风投资金。

有了这200万元，加上个人投资的60多万元，郭敬佩心里有底了。他和计算机学院的朋友冯文杰，认真研究“汽车之家”的商业模式。通过分析自行车用户的兴趣热点，规划网站构架及调试更新后，郭敬佩的“单车迷”网站正式上线，网站定位是提供买车、用车、养车信息以及与之相关的全程服务的营销平台。

只要坚持，办法总比困难多

早在高中阶段，为了自己的艺术梦，郭敬佩曾三度高考，仍与八大美院失之交臂。但他始终没有忘记自己的“笔头功夫”。至今，他在出租房里一直放着画板，没事儿的时候，最喜欢“涂涂画画”。

在租车行的时候，他利用专业优势，设计了一份“点车菜单”，学生们可以根据菜单选择车型和时间。后来，在“单车迷”的发展过程中，从公司名片、网站广告、宣传广告等各方面，郭敬佩都发挥优势，“设计得和别人不一样，有自己的特色”。

创办网站之初，缺乏市场考察与技术能力的郭敬佩，一度将网站外包给专业公司，却常遇到后台维护难题。最终他下决心把网站收回来自己做，重新组建技术团队。因为资金问题，他聘请以学生为主的技术团队，又让网站摸黑走了一阵子。他说：“学生没经验，流动性大，对网站的技术造成了很大的困扰。后期聘请专业人员，又因为公司规模等原因，很多人面试完就走了。”

面对“单车迷”一路走来的弯路，郭敬佩第一次真正意识到创业的风险与艰辛。技术遭遇难关、网站至今未达到投资标准、技术人才难以招募……每一样都牵动着郭敬佩的心。

为了留住难得的技术人才，郭敬佩为每个技术员工分了公司的虚拟股份，他觉得只有这样大家才能拧成一股绳。现在，公司拥有一支14人的队伍，每个人各司其职、加班加点护着“单车迷”一路成长。“让‘单车迷’网站发展为中国的‘单车之家’”是郭敬佩目前最大的心愿。

等完成上线修正和抗压测试后，郭敬佩会开始寻找新一轮的投资，一个利好的消息是，“单车迷”在各大搜索引擎同类网站搜索中排名第一。“环保是一种趋势，单车的普及与网站的发展也是必然的，我不会退缩，相信‘单车迷’可以迎来春天。”郭敬佩自信地说。

任务七　创业风险防范

学习项目　创业风险的类型与防范方法

任务导入

全国首个中职生创业基地创建人之一阙波认为，一些中职生在创业过程中表现出来的状态令人担忧。“有的讲起来一套一套、兴冲冲的，但当出现问题的时候却束手无策，一点办法都没有；有的还只会逃避困难。”很多中职生创业，缺乏基本知识和风险意识。导致风险出现后，创业者迅速被打倒，一败涂地。事实上，创业风险无处不在，无论哪个行业都不例外。这些风险从创业者开始创业时就潜伏在他们身边，有的人能很好地预测风险，然后巧妙地避开，开启创业成功之路。

那么，中职生应如何有效地防范创业风险并实现创业梦呢？

任务目标

1. 掌握创业风险的概念。
2. 了解创业风险的类型。
3. 了解创业风险的防范方法。
4. 了解创业风险的识别方法。

知识要点

1. 创业风险的概念

创业风险是指创业过程中可能遇到的各种不确定的因素和困难，这些因素和困难可能导致创业的失败或收益的不稳定。

2. 创业风险的类型与防范方法

（1）市场风险

市场风险主要来自市场的竞争环境、市场需求的不确定性和市场变化的速度。对于初创企业，市场风险尤为显著，因为新进入市场的产品或服务需要得到用户的认可。

防范方法如下。

第一，市场调研。在创业初期，进行深入的市场调研，了解目标市场的需求和竞争态势，确保产品或服务与市场需求相匹配。

第二，定位明确。明确产品或服务的市场定位，突出其核心竞争力，避免与大型企业的正面竞争。

第三，灵活调整。根据市场反馈，及时调整产品或服务策略，满足市场的变化需求。

（2）技术风险

技术风险主要来自技术的更新迭代、技术实现的难度以及技术团队的能力。

防范方法如下。

第一，技术评估。在创业前期，对技术实现的难度和可行性进行评估，确保技术路径的可行性。

第二，团队构建。建立技术团队时，要注重团队成员的技能互补和经验积累，确保技术团队的整体实力。

第三，知识产权保护。加强知识产权的保护，申请专利或采取保密措施，避免核心技术的流失或被模仿。

（3）资金风险

资金风险主要来自创业初期的资金不足、融资困难以及资金管理的不善。

防范方法如下。

第一，资金预算。制定合理的资金预算，合理分配资源，确保创业初期的资金流稳定。

第二，融资策略。通过天使投资、风险投资等多种融资渠道，获取必要的资金支持。

第三，财务管理。建立规范的财务管理制度，实时监控财务状况，避免财务危机。

（4）法律风险

法律风险主要来自合同纠纷、知识产权侵权以及法律法规的变化。

防范方法如下。

第一，法律咨询。在创业过程中，与法律专家或律师事务所合作，确保所有合同和协议合法合规。

第二，知识产权保护。除了技术层面的保护，还需要在法律层面进行保护，如申请专利、注册商标等。

第三，关注法规。密切关注与创业相关的法律法规变化，及时调整策略，确保合规经营。

（5）管理风险

管理风险主要来自团队内部的管理问题，如沟通不畅、决策失误、人才流失等。

防范方法如下。

第一，团队建设。建立高效、协作的团队文化，确保团队成员间的良好沟通和协作。

第二，决策机制。建立科学、透明的决策机制，确保决策的准确性和有效性。

第三，激励机制。建立合理的激励机制，激发团队成员的积极性和创造力，降低人才流失的风险。

3. 创业风险的识别方法

（1）流程图法。通过绘制业务流程图，分析各个环节可能存在的风险，以便及时发现并采取相应措施。

（2）风险调查法。通过问卷、访谈等方式，对创业项目相关的各个方面进行调查，了解可能存在的风险因素。

（3）专家咨询法。向专业人士或机构咨询，获取对创业项目的风险评估和建议。

（4）事件树分析法。通过分析可能引发创业失败的事件，建立事件树，找出关键风险因素。

任务要求

通过学习了解创业风险的类型、防范的主要手段，搜集三个创业案例进行分析，探讨创业者在创业过程中最有可能会遭遇到何种创业风险，应该如何进行有效的规避。每位学生撰写“如何看待创业风险”相关主题的演讲稿。小组内推选出 1 ~ 2 名学生进行演讲。

任务分析

创业风险存在于每一个创业项目之中。及时有效地识别风险、化解风险，可以把握消除风险的先机，为创业成功奠定基础。因此，学生必须具备创业风险防范的意识，具备创业风险识别的能力，能够有效进行风险防范。要求学生撰写“如何看待创业风险”相关主题的演讲稿并进行演讲，也是为了让学生能够系统、深入地理解创业风险，为以后创业做充分的准备。

任务准备

1. 划分小组。
2. 成员分工。
3. 下载资料。

任务实施

1. 分析搜集到的三个创业案例可能存在的创业风险。
2. 针对案例中的创业风险提出有效的规避策略。
3. 撰写“如何看待创业风险”相关主题的演讲稿。
4. 各小组推选出 1 ~ 2 名学生进行演讲。

总结评价

综合运用个人自我评价、小组评价、教师总结评价等方法，对学习资源的阅读情况、理论知识的学习情况、能力达成情况以及任务完成质量进行总结评价。

改善提升

对学习项目各个环节完成情况进行复盘，总结经验与不足，提出改进意见和措施，进一步完善学习汇报材料。

◎ 课后巩固

一、单项选择题

1. 为了了解目标市场的需求和竞争态势，确保产品或服务与市场需求相匹配，应该开展（　　）。

A. 团队建设　　B. 市场调研

C. 技术分析　　D. 资金管理

2. 建立规范的财务管理制度，实时监控财务状况，属于哪项工作内容？（ ）

A. 资金预算　　B. 融资策略

C. 财务管理　　D. 审计管理

3. 建立科学、透明的决策机制，是为了确保决策的（ ）。

A. 准确性、有效性　　B. 适合性、稳定性

C. 技术性、低成本性　　D. 发展性、合理性

二、多项选择题

1. 管理风险出现的原因可能是（ ）。

A. 沟通不畅　　B. 决策失误

C. 人才流失　　D. 自然灾害

2. 防范资金风险的主要方法有（ ）。

A. 引入人才　　B. 资金预算

C. 融资策略　　D. 财务管理

3. 知识产权保护的有效措施有（ ）。

A. 避免核心技术被模仿　　B. 申请专利或采取保密措施

C. 减少知识产权的应用　　D. 避免核心技术流失

三、判断题

1. 创业风险是指创业中可能遇到的各种不确定的因素和困难，这些因素和困难可能导致创业的失败或收益的不稳定。（ ）

2. 技术风险主要来自技术的更新迭代、技术实现的难度以及技术团队的能力，与企业的管理团队没有任何关系。（ ）

3. 通过问卷、访谈等方式，对创业项目相关的各个方面进行调查，了解可能存在的风险因素是常用的风险处理方法。（ ）

四、辨析题

说一说你对“创业风险归根到底是人的风险”的理解。

五、案例分析题

张宁看到同乡售卖某种塑料产品赚了很多钱，便也赶紧筹集了资金，决定尽快投资这一项目。他的同乡劝他说：“现在产品正在更新换代，你最好推迟4个月。”张宁很不高兴，心想，推迟4个月，意味着丢掉几万元利润，于是就没有听从同乡的劝告。结果，几个月后，张宁的产品因为科技含量低而滞销。

你认为张宁创业失败是因为没有规避什么风险？在创业过程中应如何规避这类风险？

实践活动　调研：本专业创业风险有哪些

活动说明

创业环境的不确定性，创业机会与创业企业的复杂性，创业者、创业团队与创业投资者的能力与实力的有限性，是创业风险的根本来源。任何创业项目都存在创业风险。

创业风险虽然客观存在，却并非不可规避。这就需要创业者在开启创业项目前，对创业风险进行预判，并针对风险的类型、程度提出规避风险的合理措施。因此，创业风险的预判是至关重要的。

本实践活动以中职学校汽车维修专业为例，探讨本专业的创业风险有哪些。

调研报告示例

汽车维修专业创业风险分析报告

一、技术风险

汽车维修行业是一个技术密集型行业，技术更新迅速，新车型、新技术、新设备的不断涌现，要求维修企业不断跟进，否则将面临被市场淘汰的风险。对于创业者而言，必须保持对新技术的敏感度，定期培训和引进技术人员，以确保维修技术的先进性和竞争力。

二、市场竞争风险

汽车维修市场竞争激烈，从大型连锁维修企业到小型个体维修店，各类竞争者众多。在激烈的竞争环境中，创业者需要有独特的经营策略、优质的服务和强大的市场推广能力，以吸引和留住客户。

三、法规风险

汽车维修行业受到严格的法规监管，包括环保、安全、质量等方面的规定。法规的变化可能直接影响企业的运营和利润。创业者需要密切关注行业动态，确保企业运营合规，避免违规操作带来的法律风险和经济损失。

四、成本控制风险

汽车维修业务涉及多个环节，包括原材料采购、设备购置、人力成本等，成本控制难度大。创业者需要在保证服务质量和效率的前提下，通过精细化管理、优化流程、降低成本等措施，提高企业盈利能力。

五、人员管理风险

汽车维修企业需要拥有一支技术熟练、服务意识强的员工队伍。然而，人员素质参差不齐、流动性大等问题给创业者带来人员管理上的挑战。创业者需要建立完善的员工培训体系、激励机制和福利保障制度，以提高员工满意度和忠诚度。

六、市场需求风险

汽车市场需求受多种因素影响。如经济环境、政策导向、消费者偏好等，波动较大。创业者需要密切关注市场需求变化，灵活调整经营策略，以满足客户不断变化的需求。

七、供应链风险

汽车维修企业的供应链包括零部件采购、设备维护等多个环节。供应链的不稳定，可能影响企业的正常运营。创业者需要与供应商建立长期稳定的合作关系，确保供应链的可靠性和稳定性。

八、品牌建设风险

在汽车维修行业，品牌建设对于提升企业形象和竞争力具有重要意义。然而，品牌建设需要长期投入大量的人力、物力和财力，且效果难以在短期内显现。创业者需要制定科学的品牌战略规划，通过优质的服务、创新的产品和精准的市场推广，逐步树立品牌形象和知名度。

综上所述，汽车维修专业创业面临多方面的风险挑战。创业者需要全面分析行业环境，制定科学的经营策略和风险管理措施，以应对各种风险挑战，确保企业的稳健发展。

任务八　创业策略调整

学习项目　如何做创业策略调整？

任务导入

创业，是实现人生价值的重要途径。然而，面对激烈的竞争和复杂的市场环境，很多想要创业的人望而却步。其实任何事物都是有两面性的，创业也不例外。机会与风险是同在的，创业过程中没有绝对的风险，也没有纯粹的机会。创业意味着开拓新的领域，面临未知的风险，抓住难得的机会。面对风险，有人选择了挑战，也抓住了机会；有人选择了退缩，也就意味着选择了失败。

该怎么去增加创业成功的概率呢？除了要选对创业项目，具备创业的思维以外，还应在创业的过程中运用正确的创业策略。

“物竞天择，适者生存”，强调的就是“变”，经营者要适应外部环境的变化，随时做出策略调整以应对风险。因此，创业策略并非一成不变，而应伴随着项目的推进，不断调整与完善。如此，创业成功的概率才会变大。

那么，你知道哪些创业策略？如何调整创业策略？

任务目标

1. 掌握创业策略的概念。
2. 了解创业策略实施的关键因素。
3. 了解创业策略实施的注意事项。
4. 了解创业策略调整方法。

知识要点

1. 创业策略的概念

创业策略是指在创业过程中为达到成功目标而制订的一系列行动计划。一个有效的创业策略，通常需要考虑多个方面，包括市场定位、产品或服务、运营模式、融资策略、团队建设等。

2. 创业策略实施的关键因素

（1）市场调研。了解目标市场的需求和竞争态势，以便为产品或服务进行合适的市场定位。

（2）产品或服务。确定要提供的产品或服务，并确保它们能满足目标市场的需求。同时，需要考虑如何与竞争对手区分开来。

（3）运营模式。确定企业的运营模式，包括生产、销售、推广等方面。需要考虑如何提高效率和降低成本，以确保企业的盈利能力。

（4）融资策略。制订融资计划，包括筹集资金的方式、时机和金额等，需要考虑如何平衡资金需求和控制风险。

（5）团队建设。建设一支高效的团队，包括核心成员和关键岗位人员。需要考虑如何吸引和留住人才，以及如何提高团队的协作和执行力。

3. 创业策略实施时的注意事项

（1）保持灵活性。创业过程中可能会遇到各种意外情况。因此，创业策略需要保持一定的灵活性，以便及时调整。

（2）注重执行。策略的制定只是第一步，更重要的是执行。要确保团队成员理解并执行创业策略，以实现目标。

（3）持续学习。创业是一个不断学习的过程，需要关注市场变化、竞争态势和技术创新等方面，以便及时调整策略。

4. 创业策略调整的方法

创业策略调整是一个持续不断的过程，需要创业者时刻保持敏锐的市场洞察力和创新精神。通过市场分析再定位、产品优化与迭代、成本控制与盈利、营销策略创新、团队协作与沟通、风险管理与预案、客户反馈与响应以及持续学习与适应等八大方法，创业者可以更好地应对市场挑战，实现企业的可持续发展。

（1）市场分析再定位

①定期收集和分析行业数据，了解市场趋势和竞争态势。

②针对目标客户进行细分，明确产品或服务的市场定位。

③根据市场变化调整产品或服务的定位，以满足不同客户群体的需求。

（2）产品优化与迭代

①收集用户反馈，分析产品的优缺点，制订产品改进计划。

②定期进行产品迭代，优化功能、提升用户体验。

③关注新技术、新趋势，将创新元素融入产品中，提升产品竞争力。

（3）成本控制与盈利

①优化生产流程，降低制造成本。

②提高运营效率，减少不必要的开支。

③设定合理的价格策略，确保盈利空间。

④寻求合作伙伴，共同分摊成本，提高盈利能力。

（4）营销策略创新

①利用社交媒体、短视频等新媒体平台，拓展营销渠道。

②打造品牌故事，提升品牌知名度和美誉度。

③开展线上线下活动，增强与客户的互动体验。

④利用大数据分析，实现精准营销。

（5）团队协作与沟通

①建立高效的沟通机制，确保团队成员间的信息畅通。

②定期开展团队建设活动，提高团队凝聚力。

③明确岗位职责，优化工作流程，提高工作效率。

④鼓励团队成员提出建议和意见，激发团队创新精神。

（6）风险管理与预案

①识别创业过程中可能面临的风险，如市场风险、技术风险、资金风险等。

②针对各类风险，制定相应的预防措施和应对策略。

③建立风险监控机制，及时发现并处理潜在风险。

④储备一定的资金和资源，以应对突发事件和危机。

（7）客户反馈与响应

①建立客户反馈渠道，及时收集并整理客户意见。

②对客户反馈进行深入分析，找出产品或服务中存在的问题。

③针对客户反馈制定改进措施，并及时向客户反馈进展。

④重视客户满意度，将客户满意度作为衡量创业成功与否的重要指标。

（8）持续学习与适应

①鼓励团队成员持续学习新知识、新技能，提高个人素质。

②关注行业发展趋势，及时调整战略方向和业务布局。

③积极参加行业会议、研讨会等活动，拓宽视野，增强创新思维。

④鼓励团队成员分享学习成果和经验教训，促进团队共同成长。

任务要求

能根据学习内容，了解创业的相关策略，并能根据创业案例分析调整创业策略的有效方法。因此，本次学习任务特别呈现了三个创业案例，要求学生根据案例，分析中职生创业过程中存在的典型问题，分析创业策略的运用是否合理、有效，并提出策略优化的建议。除此之外，各小组还应自主选择创业项目，根据创业项目提出创业实施的可行性策略。

案例一：学生小刘毕业后一直想自己做老板，看到邻居在小区开了一家食品杂货店，收益一直不错，颇为心动。于是，小刘租了小区内一个库房做店面，筹集了一万多元钱做启动资金，进了一些货物，开了一家食品杂货店。小刘为了突出自己食品杂货店的特色，没有像邻居一样进茶、米、油、盐等大众用品，而是将经营范围锁定在沙司、奶酪、芝士等一些西餐调味食品上。但是经营了两个月后，小刘的食品杂货店就撑不住了，不得已关门。为什么同样是食品杂货店，邻居的生意红红火火，小刘的店就经营惨淡呢？

案例二：去年，中职毕业的小张和几个同学决定自主创业。经过市场分析，他们认为郑州的家政服务行业利润空间大，就开公司代理上海某环保科技有限公司销售的“木质油精”，用于家具、石材、皮革和汽车的保养。他们接受了上海这家公司的建议，做起了上海公司的“二级代理”。但是，上海这家公司并没有兑现当初的承诺，广告、人力支持、员工培训等都不到位。小张还发现，他们用10万元现金进的产品，足够整个郑州市地板保养使用两年。随后，小张还发现，自己拥有的“授权期限”仅有5个月。他和伙伴想尽办法却收效甚微。合作伙伴看不到光明，先后离去。内忧外患中，小张的创业梦破灭了。大家说一说，这是为什么呢？

案例三：中职毕业生小黄，曾参加了政府举行的全市落实创业政策恳谈会。会上，他提出自己想建立一个中职生求职网站的想法，得到了市领导的赞赏和支持。在市领导的鼓励下，这个充满创业激情的小伙子迅速完善了先前酝酿许久的创业计划书，架构起未来网站的基本框架。但一个绕不开的问题是，由于他并不会写电脑程序，网站的建立必须由专业的技术人员来完成，这名技术核心人员在哪里？苦苦找寻数月无果后，小黄只好暂时收起创业梦想，先找份工作，给别人打工。想一想，小张的创业过程中存在哪些问题呢？

任务分析

创业策略的运用与调整应结合具体的情况而定。学生通过阅读案例，分析案例中的当事人在创业过程中，创业能力、创业项目选择、创业风险防范、创业策略的运用与调整几个方面存在的问题，针对存在的问题，给出合理化的建议。

任务准备

1. 划分小组。
2. 成员分工。
3. 搜集资料。

任务实施

1. 分析上述三个创业案例中存在的问题。

2. 为解决三个创业案例中存在的问题提出有效的策略。

3. 结合区域产业发展与自身专业，选择创业项目，并给出创业项目实施的可行性策略。

4. 各小组制作创业项目实施 PPT，并进行分享。

总结评价

综合运用个人自我评价、小组评价、教师总结评价等方法，对学习资源的阅读情况、理论知识的学习情况、能力达成情况以及任务完成质量进行总结评价。

改善提升

对学习项目各个环节完成情况进行复盘，总结经验与不足，提出改进意见和措施，进一步完善学习汇报材料。

◎ 课后巩固

一、单项选择题

1. 一个有效的创业策略通常需要考虑多个方面，包括市场调研、产品或服务、运营模式、（　　）、团队建设等。

A. 融资策略　　B. 技术分析

C. 人才招聘　　D. 自然环境

2. “物竞天择，适者生存”强调的就是“（　　）”，经营者要适应外部环境的变化，随时做出调整。

A. 模式　　B. 变

C. 服务　　D. 团队建设

3. 创业策略调整是一个（　　）的过程，需要创业者时刻保持敏锐的市场洞察力和创新精神。

A. 不断创新　　B. 策略调整

C. 持续不断　　D. 适应环境

二、多项选择题

1. 创业策略实施的关键因素有哪些？（　　）

A. 市场调研、产品或服务　　B. 运营模式、融资策略

C. 团队建设　　D. 适应环境

2. 创业策略调整的方法有（　　）。

A. 市场分析再定位　　B. 成本控制与盈利

C. 营销策略创新　　D. 风险管理与预案

3. 创业策略调整的方法中产品优化与迭代要做到（　　）。

A. 根据市场变化调整产品或服务的定位，以满足不同客户的需求

B. 收集用户反馈，分析产品的优缺点，制订产品改进计划

C. 定期进行产品迭代，优化功能、提升用户体验

D. 关注新技术、新趋势，将创新元素融入产品中，提升产品竞争力

三、判断题

1. 创业前，创业者应确定要提供的产品或服务，并确保它们能满足目标市场的需求。同时，需要考虑如何与竞争对手区分开来。（　　）

2. 创业者应在创业准备过程中，制订融资计划，包括筹集资金的方式、时机和金额等，需要考虑如何平衡资金需求和控制风险。（　　）

3. 创业过程中，执行很重要。要确保团队成员理解并积极地执行创业策略，以实现目标。（　　）

四、辨析题

谈一谈，创业是资本重要还是技术重要？

五、案例分析题

陈涛中职毕业后，返乡集资创办了一家乡镇企业，选准了棉花加工这一投资项目。但项目进行到后期，却遇上国家对纺织业的结构进行调整，纺织市场一时趋于疲软。陈涛惊慌失措，一心急于脱手。谁知，当他刚刚以低价将该项目转手后，戏剧性的一幕出现了：随着国家对纺织业结构调整的步伐迈向深入，纺织市场发生了强烈的反弹，接手该项目的投资者迅速将项目完工，获得了丰厚的收益。

你认为陈涛创业失败的主要原因是什么？在创业过程中应如何避免出现此类问题？

实践活动　调研：创业策略调整案例有哪些？

活动说明

创业策略为企业明确发展方向和目标。在创业过程中，策略的制定能够帮助企业领导者清晰地确定企业的愿景、使命和核心价值，从而确保所有经营活动都围绕这些核心要素展开。明确的方向和目标，不仅能为团队成员提供指引，还能增强企业的凝聚力和向心力。创业策略也并非是一成不变的，它会伴随着创业项目的推进，不断进行调整与完善。在创业项目生死攸关的关键时刻，创业策略的及时、有效调整，将会发挥举足轻重的作用。

案例展示

苹果调整 iPad 产品线，进一步提升市场竞争力

有消息源透露，苹果方面或计划在 2024 年对 iPad 系列进行全面调整，旨在减少产品线的混乱并提升销量。事实上，iPad 系列自 2010 年推出以来，先后已细分出了包括 iPad、iPad mini、iPad Air，以及 iPad Pro 四条产品线。并且由于新品上市后，前一代机型往往会降价销售，因此尽管市场定位不低，但也借此覆盖了尽可能多的细分价位段。

在过去几年里，由于在线办公、在线教育等需求的高速增长，平板电脑产品也迎来回暖。但随着市场环境的改变，这一领域也出现了明显放缓的趋势。同时，由于这一赛道的格局呈现出非常显著的头部化趋势，即苹果 iPad 系列在高端市场的地位几乎难以动摇。因此，其他厂商大多也集中在中低端领域。

早在 2010 年，苹果公司率先推出了定位于智能手机和笔记本电脑之间的初代 iPad。随后在 2012 年，针对用户对较小尺寸屏幕平板产品的需求，初代 iPad mini 登场。2013 年，为了满足用户轻度办公的需求，初代 iPad Air 应运而生。接下来在 2015 年，为满足用户对于平板电脑生产力方面的需求，iPad Pro 系列也正式亮相。

虽然从表面上看，不断细分的产品线是苹果方面为应对市场需求采取的策略。但事实上，这种不断细分用户和市场需求的策略，也使得 iPad 系列进一步巩固了在这一市场的地位。

尽管苹果这种策略帮助其获得了一定的市场竞争优势，但同时也在一定程度上埋下了“隐患”。例如，就产品本身而言，平板电脑相比智能手机有着更长的设计寿命，就使得其更新换代的周期要远低于后者。而在官方的售后支持方面，也为 iPad 系列产品提供了远超行业平均水平的系统更新时间。例如，iPadOS 17 所支持的机型甚至可以追溯到 2018 年发布的第六代 iPad。

从这两方面来看，苹果似乎有些“作茧自缚”，即促成了“钉子户”的诞生，也降低了这一市场的活力。

但对于许多普通用户而言，在面对不同产品线、相似屏幕尺寸、不同性能和配件支持的情况下，可能还会出现“选择困难症”，而这显然与苹果一贯的产品设计风格有所差异。产品线过长所带来的另一个麻烦，则是苹果公司还需要针对不同机型来单独打造相应的配件。例如，Apple Pencil 目前就有三种不同的规格，分别为第一代、第二代，以及 USB-C 版本。

或许正是以上一系列因素叠加，导致如今用户对于平板电脑换机的需求不断降低。苹果公司发布的 2023 财年第四季度财报显示，该季度其 iPad 业务收入为 64.43 亿美元，较上年同期的 71.74 亿美元下降 10%。

此前曾有消息源透露，苹果或将推出一款配备 14 英寸屏幕的 iPad 系列产品，并将为其打造一款专属的妙控键盘，带来类似笔记本电脑的使用体验。但毫无疑问的是，如果这一传言属实，在现有机型中其势必将进一步导致产品线的混乱。所以，重新梳理产品线，使得用户能更方便地做出选择，极有可能就是苹果公司可能会重新调整 iPad 机型的原因之一。

值得一提的是，苹果一旦重新梳理 iPad 产品线，不仅将使得平板与笔记本电脑的区隔更加分明，极有可能还会弥补当前存在的市场空白。事实上，在苹果的 MacBook 笔记本电脑中就已经形成了 MacBook Air 和 MacBook Pro 两条产品线，通过屏幕尺寸来划分市场定位的功用。因此，外界认为，苹果极有可能会将其移植到 iPad 系列中。

例如，传言的 14 英寸 iPad，就或将填补入门级笔记本电脑的空白。自 2018 年起，苹果公司就一直在尝试提升 iPad Pro 的生产力属性，通过配套的妙控键盘、Apple Pencil 等一系列配件，使得其使用体验无限趋近于笔记本电脑。甚至曾有传言称，其有在测试 iPad 系列机型使用的特殊版本 macOS，而这或许就是苹果公司今年没有更新 iPad 机型，为明年“大招”做准备的证明。

但想要实现这种更加清晰的产品区隔，苹果公司也需要解决此前的历史遗留问题。此前其曾打出“你的下一台电脑何必是电脑”这样的口号，定位旗舰市场的 iPad Pro 也通过不断增强的生产力属性，在逐步模糊平板电脑与笔记本电脑的界限。但不断大屏化的 iPad 系列机型，却使得平板电脑实际上具备了一定的笔记本电脑形态，甚至未来还可能会出现“折叠屏 iPad”这类产品。

此外，尽管苹果公司试图通过周边配件来提升 iPad 机型的生产力属性，但至少从目前而言，这种体验更多还停留在“应急”或“能用”的层面，距离完全替代笔记本电脑尚有一定的距离。所以要如何解决这个难题，或许也是苹果公司要全面调整 iPad 系列产品线的重要原因。

市场的发展有时就是个“圈”，细分产品虽然在一个阶段是市场及用户需求变化的根本原因。随着用户需求和市场的变化，产品型号众多也会对用户的选购造成烦恼。因此，从目前来看，苹果简化 iPad 机型产品分类、重新定义产品区隔的时机或已来临。

（资料来源：腾讯新闻 2023 年 12 月 11 日）

课后题目答案

项目一

任务一

一、单项选择题

1.D 2.D 3.B 4.B 5.D

二、多项选择题

1.AB 2.BCD 3.ABCD

三、判断题

1.√ 2.√ 3.× 4.√ 5.√ 6.√ 7.√

四、辨析题

略

五、案例分析题

略

任务二

一、单项选择题

1.C 2.C

二、多项选择题

1.ABCD 2.ABC

三、判断题

1.× 2.× 3.√

四、辨析题

略

五、案例分析题

略

任务三

一、单项选择题

1.D 2.B 3.B 4.A

二、多项选择题

1.AB 2.ABD 3.ABCD 4.ABC

三、判断题

1.× 2.× 3.× 4.√ 5.√

四、辨析题

略

五、案例分析题

略

任务四

一、单项选择题

1.A 2.A 3.C 4.B

二、多项选择题

1.ABCD 2.ABD 3.ABCD 4.ABCD 5.ABCD 6.ABCD

三、判断题

1.× 2.× 3.√ 4.√ 5.×

四、辨析题

略

五、案例分析题

略

项目二

任务一

一、单项选择题

1.A 2.C

二、多项选择题

1.ABCD 2.ABCD 3.ABCD 4.ABC 5.BCD

三、判断题

1.√ 2.× 3.√ 4.× 5.×

四、辨析题

略

五、案例分析题

略

任务二

一、多项选择题

1.ABCD 2.ABC 3.ABCD 4.ABCD 5.ABCD

二、判断题

1.√ 2.× 3.√ 4.× 5.√

三、辨析题

略

四、案例分析题

略

任务三

一、单项选择题

1.C 2.C 3.A

二、多项选择题

1.ABCD 2.BC 3.ABCD

三、判断题

1.× 2.× 3.√

四、辨析题

略

五、案例分析题

略

任务四

一、多项选择题

1.ABCD 2.ABCD 3.ABCD

二、判断题

1.√ 2.√ 3.√

三、辨析题

略

四、案例分析题

略

项目三

任务一

一、单项选择题

1.B 2.C 3.A 4.C 5.B

二、多项选择题

1.ABCD 2.ABC 3.ABC 4.AD 5.ABCD

三、判断题

1.× 2.× 3.√ 4.× 5.√

四、讨论题

略

五、案例分析题

略

任务二

一、单项选择题

1.D 2.C

二、多项选择题

1.ABCD 2.ABCD 3.ABC

三、判断题

1.× 2.√ 3.√ 4.√ 5.√

四、辨析题

略

五、案例分析题

略

任务三

一、单项选择题

1.B 2.D 3.B

二、多项选择题

1.ABCD 2.ABCD 3.ABCD

三、判断题

1.√ 2.√ 3.× 4.√ 5.×

四、辨析题

略

五、案例分析题

略

任务四

一、单项选择题

1.B 2.A 3.C

二、多项选择题

1.ABCD 2.ABCD 3.ABC

三、判断题

1.√ 2.×

四、辨析题

略

五、案例分析题

略

任务五

一、单项选择题

1.C 2.A 3.A

二、多项选择题

1.ABC 2.ABC

三、判断题

1.√ 2.√ 3.√

四、辨析题

略

五、案例分析题

略

任务六

一、单项选择题

1.C 2.B 3.A

二、多项选择题

1.ABCD 2.ABCD 3.ABCD

三、判断题

1.× 2.× 3.√

四、辨析题

略

五、案例分析题

略

任务七

一、单项选择题

1.B 2.A 3.C

二、多项选择题

1.ABC 2.ABCD 3.AB

三、判断题

1.√ 2.√ 3.×

四、辨析题

略

五、案例分析题

略

任务八

一、单项选择题

1.A 2.A 3.A

二、多项选择题

1.ABCD 2.AB 3.ABCD

三、判断题

1.× 2.√ 3.√

四、辨析题

略

五、案例分析题

略

项目四

任务一

一、单项选择题

1.B 2.D 3.D

二、多项选择题

1.ABCD 2.ABC

三、判断题

1.√ 2.√ 3.√

四、辨析题

略

五、案例分析题

略

任务二

一、单项选择题

1.B 2.C 3.A

二、多项选择题

1.ABC 2.ABCD 3.AB

三、判断题

1.√ 2.√ 3.×

四、辨析题

略

五、案例分析题

略

任务三
一、单项选择题
1.A 2.B 3.D
二、多项选择题
1.ABCD 2.ABCD 3.ABCD
三、判断题
1.√ 2.×
四、辨析题
略
五、案例分析题
略

任务四
一、单项选择题
1.B 2.B 3.A
二、多项选择题
1.ABCD 2.ACD 3.ABCD
三、判断题
1.√ 2.×
四、辨析题
略
五、案例分析题
略

任务五
一、单项选择题
1.D 2.B 3.A
二、多项选择题
1.ABCD 2.ABCD 3.ABCD
三、判断题
1.√ 2.× 3.√
四、辨析题
略
五、案例分析题
略

任务六
一、单项选择题
1.C 2.B 3.D
二、多项选择题
1.BCD 2.ACD 3.ACD
三、判断题
1.√ 2.√ 3.√
四、辨析题
略
五、案例分析题
略

任务七
一、单项选择题
1.B 2.C 3.A
二、多项选择题
1.ABC 2.BCD 3.ABD
三、判断题
1.√ 2.× 3.×
四、辨析题
略
五、案例分析题
略

任务八
一、单项选择题
1.A 2.B 3.C
二、多项选择题
1.ABC 2.ABCD 3.BCD
三、判断题
1.√ 2.√ 3.√
四、辨析题
略
五、案例分析题
略